YO
SOY
SION

JOHN ECKHARDT

CASA
CREACIÓN

Las citas de la Escritura marcadas (DHH) corresponden a la Santa Biblia, *Dios habla hoy*®, Tercera edición © Sociedades Bíblicas Unidas, 1966, 1970, 1979, 1983, 1996. Usada con permiso.

Otras escrituras se tradujeron de las versiones en inglés: Amplified Bible, The Message, Passion Translation, Names of God Bible, Young's Literal Translation, y la Contemporary English Version.

Traducido por: pica6.com

Diseño de la portada: Lisa Rae McClure

Director de Diseño: Justin Evans

Originally published in English under the title:
I Am Zion
Published by Charisma House
Charisma Media/Charisma House Book Group
Lake Mary, FL 32746 USA
Copyright © 2020 John Eckhardt
All rights reserved

Copyright © 2020 por Casa Creación
Todos los derechos reservados

Visite la página web del autor: www.johneckhardt.global

Library of Congress Control Number: 2019954306
ISBN: 978-1-62999-285-3
E-book ISBN: 978-1-62999-286-0

Impreso en los Estados Unidos de América
20 21 22 23 24 * 5 4 3 2 1

CONTENIDO

Introducción

UN LUGAR ESCOGIDO PARA UN PUEBLO ESCOGIDO

Porque Jehová ha elegido a Sion; la quiso por habitación para sí. Este es para siempre el lugar de mi reposo; aquí habitaré, porque la he querido. Bendeciré abundantemente su provisión; a sus pobres saciaré de pan. Asimismo vestiré de salvación a sus sacerdotes, y sus santos darán voces de júbilo.
—SALMOS 132:13–16

SION ES UNO de los temas más importantes de la Escritura; sin embargo, no enseñamos mucho al respecto. La revelación concerniente a Sion se ha perdido en la iglesia de hoy. Pero es uno de mis temas favoritos porque creo que el significado espiritual de Sion es una de las revelaciones más importantes que uno puede tener como hijo de Dios. Encerrados dentro de los misterios de Sion se encuentran los planes y los propósitos eternos de Dios para todos sus hijos.

Estudiar los planes y propósitos de Dios nos lleva a conocer su sabiduría. Y cuando accedemos al ámbito de la sabiduría de Dios el resultado siempre son bendiciones especiales. La Biblia dice a lo largo de Proverbios que la sabiduría trae riquezas (Proverbios 3:16; 8:18), favor (Proverbios 3:4; 8:35) y engrandecimiento (Proverbios 4:8).

He aprendido que entre más entiendo y camino en los planes y propósitos de Dios, viene más sabiduría a mí. Y entre más sabiduría viene a mí, más experimento la bendición de Dios. Dios imparte sabiduría cuando lo buscamos para comprender y rendirnos a sus planes, su propósito y su voluntad.

En el Antiguo Testamento—la era de los profetas, sacerdotes y reyes—e incluso en el Nuevo Testamento con los apóstoles, el plan de Dios era un misterio. El apóstol Pablo escribió acerca de los misterios de Dios a lo largo de sus epístolas según Dios le daba que lo hiciera. Estos misterios revelados giraban alrededor de la iglesia o el cuerpo de Cristo (Hebreos 12:22–23); el Reino (Marcos 4:11), el cual es establecido en Sion; y la revelación de Cristo mismo (Colosenses 1:27; 2:2–3). Estas eran cosas ocultas. Eran misterios. Eran la sabiduría oculta de Dios, la cual le reveló Dios a Pablo apostólicamente; Pablo a su vez se las reveló a los santos por medio de sus enseñanzas y escritos, incluso cuando estaba en cadenas.

Una cosa que necesitamos comprender con respecto a Sion y la unción apostólica es que el propósito de la unción apostólica es traer perspectiva, revelación y entendimiento al pueblo de Dios con respecto a sus planes, sus propósitos y su voluntad. La función de lo apostólico es descubrir los misterios del Reino de Dios para que las personas puedan comenzar a entender y abrazar el plan y el propósito de Dios para ellos. Si no hubiera sido por la obra de Pablo bajo el peso de su llamado apostólico y unción, no podríamos escudriñar las Escrituras para esta verdad presente de la realidad de Sion. Hablaré más acerca de Sion y lo apostólico en capítulos más adelante.

No obstante, lo que necesitamos saber ahora es que el enemigo trabajó tiempo extra para evitar que estas revelaciones fueran liberadas de modo que no pudiéramos andar en sus beneficios. Pablo sufrió una gran persecución a medida que iba de iglesia en iglesia y de ciudad en ciudad para predicar las revelaciones de Cristo, el Reino, la Sion celestial y toda la medida del evangelio. No obstante, estas son las mismas revelaciones de las que debemos tener conocimiento para echar mano de la vida abundante en Cristo.

Cristo es la piedra angular de Sion (1 Pedro 2:6). La revelación de Cristo descubre el misterio de Sion, el cual contiene el plan de Dios para nosotros. Cuando recibimos entendimiento y una revelación de los planes y propósitos—los misterios—de Dios, incrementamos en la sabiduría de Dios, y cuando uno incrementa en la sabiduría de Dios es mejor que se prepare para una promoción. Descubriremos que la revelación de Sion es una revelación de la gloria de Dios. Y en la gloria de Dios es imposible permanecer pequeño, insignificante, inadvertido u olvidado. Uno no puede hacer nada más que incrementar en cada aspecto cuando la gloria lo invade, porque Dios no hace las cosas en pequeño cuando de su gloria se trata.

LA CLAVE PARA LA PROMOCIÓN Y EL INCREMENTO

La gente me pregunta con frecuencia: «¿Cuál es la clave para el éxito? ¿Cuál es la clave para la promoción?». Siempre les digo: «La sabiduría es lo principal». Cuando reciba sabiduría, entendimiento, revelación y perspectiva con respecto a los planes y propósitos de Dios, prepárese para un avance. Prepárese para la prosperidad. Prepárese para tener abundancia. Prepárese para ser promovido. Pero no obtendrá perspectiva y sabiduría en una iglesia donde todo lo que hacen es gritar y levantar la voz. Necesita enseñanza, instrucción, perspectiva, revelación, entendimiento de la sabiduría de Dios que hace que lo apostólico entre en juego. Parte del ministerio apostólico es establecer orden y fundamentos en el cuerpo de Cristo. Esto es lo que Pablo estableció en la iglesia del primer siglo bajo gran peligro y riesgo de su cuerpo físico. Sufrió mucha persecución al traer revelación al pueblo de Dios con respecto al plan máximo de Dios para ellos más allá del plan de salvación. La revelación de Sion va más allá de ser salvo. Cuando entendemos quiénes somos en relación con Sion, todo cambia.

Hay una clave para la exaltación, la promoción y todas las cosas buenas que Dios tiene para nosotros a través de entender el misterio bíblico de Sion. Si asiste a una iglesia, necesita asegurarse de que sea una iglesia de Sion, y necesitará saber qué está buscando para reconocer esas características que la califican como una. Necesita estar entre personas que saben cómo conectarse con la gloria de Sion en adoración. Hablaremos por qué esto es tan importante a lo largo del libro, pero lo primero que hay que saber es que Sion representa el lugar que Dios ha escogido como el lugar de su morada. Por lo tanto, las iglesias de Sion son los lugares donde Dios ha escogido morar. Si no es una iglesia de Sion, la presencia de Dios no se manifiesta allí. Tomamos muchas decisiones en nuestra vida, incluyendo la iglesia a la que asistimos, con base en lo que queremos y no en lo que Dios quiere, lo que Él escoge. Pero cuando recibimos esta revelación de Sion, deberíamos entender lo importante que es escoger lo que Dios escoge. Si Dios escoge a Sion, nosotros también lo debemos hacer.

Como explicaré, Sion es más que un lugar físico; ahora es un estado espiritual. Cuando vivimos con esta comprensión, la vida como la conocemos sube a un nivel completamente distinto. Si quiere disfrutar lo mejor de Dios, necesita estar en el mejor lugar y el mejor lugar necesita residir en usted. Hay un lugar llamado Sion. En este libro le ayudaré a conocer qué es Sion, cómo identificarlo, cómo saber cuando ha llegado y lo que sucede cuando no está en Sion.

Como creyente de Sion, cuando se trata de ser parte de una asamblea o iglesia o de tomar decisiones en su conjunto, la prioridad no son sus preferencias. Lo que importa es lo que Dios elige, y Él escoge a Sion. Tantas personas toman decisiones con base en ciertas características que les parecen atractivas; cualidades que no tienen que ver con Sion. Pero quiero mostrar cómo tener un corazón de Sion lo llama a dejar de alimentar el deseo de un corazón atado a las limitaciones y las restricciones del mundo. El pecado y la carnalidad nos limitan. El enemigo ha engañado al hombre para que crea la mentira de que algún bien puede salir de rechazar lo que Dios escoge, pero ese nunca es el caso. Debemos desarrollar un corazón que desea lo que Dios desea. Dios desea a Sion.

SALGA DE BABILONIA Y ENTRE A SION

En mi libro *La buena tierra*, hablo de cómo el pueblo de Israel no pudo entrar a la Tierra Prometida hasta no dejar su mentalidad de Egipto y desierto. Toda una generación tenía que morir para que pudieran entrar a la tierra. Pero incluso al morar en la buena tierra, las personas se rebelaron contra Dios. Lo desobedecieron una y otra vez hasta que los llevó de vuelta a la cautividad, esta vez a manos de los babilonios.

Así que, antes de que podamos reclamar una identidad de Sion, debemos primero salir de Babilonia, lo cual representa el lugar de nuestra cautividad espiritual. Aquí es donde entra en escena recibir el mensaje del evangelio, restaurar el pacto con Dios, ser liberado y entrar en comunión con los santos justos de Dios. No se puede vivir en Babilonia y en Sion al mismo tiempo. Debe separarse de manera deliberada de Babilonia.

> Y oí otra voz del cielo, que decía: Salid de ella, pueblo mío, para que no seáis partícipes de sus pecados, ni recibáis parte de sus plagas.
>
> —APOCALIPSIS 18:4

> Salid de Babilonia, huid de entre los caldeos; dad nuevas de esto con voz de alegría, publicadlo, llevadlo hasta lo postrero de la tierra; decid: Redimió Jehová a Jacob su siervo.
>
> —ISAÍAS 48:20

Dios no desea que su pueblo permanezca en Babilonia. Babilonia es la ciudad que se encuentra en oposición directa a Sion. Babilonia es un lugar de lágrimas y cautividad, mientras que Sion es un lugar de gozo y libertad. Babilonia es un lugar de brujería, hechicería y adivinación (magos); Sion es un lugar de profetas y gente profética. Dios redimió a su pueblo de Babilonia.

A Babilonia le encanta tomar a las mejores personas. El rey trajo a lo mejor de los israelitas a Babilonia. A Daniel y a los demás se les enseñó la lengua y la sabiduría de Babilonia (vea Daniel 1). Babilonia está llena de sabiduría mundana, pero Sion tiene la sabiduría de Dios. Babilonia es del mundo, carnal y pecaminosa; Sion es espiritual y celestial.

Babilonia era una ciudad física, pero también representa algo en el espíritu. Los sistemas babilónicos son sistemas religiosos que no le permiten a la gente disfrutar la libertad del Espíritu.

Babilonia es culpable de fornicación e idolatría (Apocalipsis 14:8). Babilonia es una ramera (Apocalipsis 17:5). Sion es un lugar de santidad y verdadera adoración; Babilonia es un lugar de inmundicia y demonios. ¡Sion es el lugar de la gloria!

Dios usó a Babilonia para capturar a su pueblo; luego Dios juzgó a Babilonia por su orgullo y crueldad. Babilonia se promueve a sí misma; Sion es promocionado por Dios. Babilonia es legalista; se trata de control religioso, lo cual lo hace por medio de las tradiciones de los hombres.

Los líderes babilonios son controladores y dominantes. No sueltan ni lanzan a las personas a su destino. A Babilonia le encanta controlar la riqueza; es codiciosa y se come las riquezas de la gente. Sion, por otro lado, da voluntariamente y de manera sacrificada.

Babilonia es un lugar de tristeza. El salmista dijo: «Junto a los ríos de Babilonia, allí nos sentábamos, y aun llorábamos, acordándonos de Sion» (Salmos 137:1). Babilonia es un lugar de ríos. Ezequiel tuvo sus visiones junto al río Quebar en Babilonia (Ezequiel 1:1). Darío, el medo, capturó Babilonia por medio de secar el río y entrar por el lecho seco (Daniel 5:30–31). Tanto Sion como Babilonia tienen ríos. Pero Sion tiene el río dador de vida de Dios, mientras que los ríos de Babilonia no dan vida.

Después de que los israelitas habían estado en cautiverio alrededor de setenta años, Dios los restauró de vuelta a su tierra. Los devolvió a Sion, un lugar de libertad y protección de sus enemigos y un lugar de reconstrucción y restauración después de su liberación. Esto es un tipo de lo que Jesús vino a hacer. Vino a traer restauración. En Sion se predica el evangelio que libera y pone en libertad. Trae esperanza y liberación. Esto es lo que salmista anhelaba ver cuando proclamó: «¡Oh, que de Sion saliera la salvación de Israel! Cuando Jehová hiciere volver a los cautivos de su pueblo, se gozará Jacob, y se alegrará Israel» (Salmos 14:7).

Como mencioné, Sion es lo opuesto a Babilonia. Sion es libertad; Babilonia es cautiverio. El creyente de Sion no puede estar satisfecho en Babilonia. Sion es risa y gozo; Babilonia es lágrimas y tristeza. Sion adora al verdadero Dios; Babilonia adora ídolos. Sion es orden divino; Babilonia es confusión. Sion es el hogar del creyente; Babilonia representa el exilio.

SUÉLTESE DEL DOMINIO DE BABILONIA

Según Apocalipsis 19:1–10, Babilonia has sido juzgada y ha caído. Ya no tiene dominio sobre Sion. Porque la naturaleza espiritual de Sion mora en usted, usted es Sion. Eso significa que es libre. Como indica Gálatas 4:3–9, usted ya no se encuentra en cautiverio de los espíritus elementales y los elementos mendicantes (tradiciones religiosas hechas por hombres o las enseñanzas filosóficas del mundo). Así que permanezca firme en su libertad. No se vuelva a enredar en el yugo de esclavitud (Gálatas 5:1). El Hijo lo ha libertado, lo cual significa que es verdaderamente libre (Juan 8:36). ¡Alégrese y regocíjese!

> Cuando Jehová hiciere volver la cautividad de Sion, seremos como los que sueñan. Entonces nuestra boca se llenará de risa, y nuestra lengua de alabanza; entonces dirán entre las naciones: Grandes cosas ha hecho Jehová con éstos. Grandes cosas ha hecho Jehová con nosotros; estaremos alegres.
>
> —SALMOS 126:1–3

Los creyentes de Sion pertenecen a iglesias de Sion. No pertenecen a los sistemas babilónicos. No pueden sentarse bajo control y dominio. Necesitan estar donde sus dones sean reconocidos y soltados. Gracias a Dios que no tenemos que vivir en Babilonia.

Los creyentes de Sion se ríen y cantan. La salvación del Señor ha venido. El Señor ha hecho grandes cosas por nosotros; y estamos alegres.

Dios les manda a los creyentes de Sion que salgan de Babilonia. Los que tengan un corazón conforme a Sion huirán de Babilonia.

Se soltarán de los lazos de Babilonia y vendrán a la libertad de Sion. Si desea experimentar la plenitud de la gloria de Sion, tiene que liberarse. Zacarías 2:7 dice: «Oh Sion, la que moras con la hija de Babilonia, escápate». El que tiene corazón de Sion no puede quedarse en el polvo. El llamado de Sion hará que la persona desee la libertad. Sion se libera. Dios dijo por medio del profeta Isaías: «Sacúdete del polvo; levántate y siéntate, Jerusalén; suelta las ataduras de tu cuello, cautiva hija de Sion» (Isaías 52:2). ¡Dios dice que nos soltemos! Sion se despierta. Sion se fortalece. Sion se pone hermosas vestiduras. Lo inmundo no puede entrar en Sion, ya que Sion es para lo santo y lo limpio. La identidad de Sion es para los que tienen manos limpias y corazones puros.

> Mas la Jerusalén de arriba, la cual es madre de todos nosotros, es libre.
>
> —GÁLATAS 4:26

La iglesia es la Sion celestial (Hebreos 12:22–23), y la Sion celestial es libre. No somos esclavos.

En Gálatas 4:24–25 Sion es contrastado con el monte Sinaí, el cual representa la ley y el legalismo. Sinaí es simbolizado por Agar, la sierva. Y Gálatas 4 nos dice que no somos nacidos de la esclava, sino de la libre (Sion).

Los fariseos del Nuevo Testamento se habían vuelto legalistas. Juzgaban a los demás y eran hipócritas, y llevaron al pueblo a cautiverio a través de sus enseñanzas y tradiciones, muchas de las cuales provenían de Babilonia (específicamente los escritos rabínicos recolectados en el Talmud babilónico).[1] Jesús expuso y reprendió a los fariseos, ya que sabía que eran malvados y que le tenían envidia (vea Marcos 7:1–13). Finalmente, Dios llamó a su pueblo a salir del judaísmo apóstata para trasladarse a la iglesia.

Babilonia trafica con almas de hombres (Apocalipsis 18:13). Ninguna persona o sistema debería controlar su alma. Babilonia caza y trafica con las almas de los hombres (Ezequiel 13:18), pero nuestra alma es como huerto de riego en Sion (Jeremías 31:12). Nuestra alma es alimentada en Sion en lugar de ser esclavizada en Babilonia.

El libro de Apocalipsis es la historia de dos ciudades: Babilonia y la Nueva Jerusalén. Babilonia es juzgada y Jerusalén desciende del cielo. La Jerusalén celestial reemplaza la caída Babilonia. Babilonia es la ciudad donde el Señor fue crucificado (la vieja Jerusalén), y también es conocida como Sodoma y Egipto (Apocalipsis 11:8).

Moisés sacó a los israelitas de Egipto; Dios sacó a su pueblo de Babilonia, y todavía hoy nos saca del cautiverio para que podamos servirlo y vivir en la bendición y libertad que viene por servirlo. No servimos a Faraón o a los demonios. Somos Sion; somos siervos del Señor.

No podemos desarrollar corazones conforme al de Dios sin despojarnos de nuestros viejos deseos y antiguos caminos. La liberación y la guerra espiritual son parte de este proceso tanto como la guerra y el castigo físico de Dios lo fueron para el pueblo de Israel. Los creyentes de Sion han pasado por este proceso y tienen un corazón inamovible por Dios y sus cosas. Así como Dios escoge a Sion, el creyente de Sion escoge a Dios.

Cuando entendemos la magnitud de Sion, cómo está en nosotros, cómo Dios mora en Sion y cómo, por lo tanto, habita en nosotros, todo lo que toquemos prosperará. En cada lugar al que vayamos tendremos favor, bendición y promoción. La gloria de Dios mora en Sion. La gloria de Dios mora en nosotros.

EL LUGAR DE LA MORADA DE DIOS

Cuando volvemos al Antiguo Testamento y estudiamos lo que sucedió durante el antiguo pacto, hubo un momento en que las tribus de Israel estaban avanzando hacia Canaán. Entonces la pregunta se volvió: «¿Qué área escogerá Dios como el lugar de su morada?». En este tiempo de su jornada, los hijos de Israel habían llevado la presencia de Dios en el arca del pacto, la cual Dios le mandó a Moisés que hiciera en Éxodo 25. El arca era una réplica terrenal del arca en el cielo. El arca representa el trono de Dios en la Tierra y se le menciona con muchos títulos en el Antiguo Testamento como:

+ El arca del testimonio (Éxodo 25:22)

+ El arca del pacto de Jehová (Números 10:33)

+ El arca de Jehová el Señor (1 Reyes 2:26).

+ El arca de Jehová, Señor de toda la Tierra (Josué 3:13)

+ El arca de Dios (1 Samuel 3:3)

+ El arca santa (2 Crónicas 35:3).

+ El arca de tu poder (Salmos 132:8)

+ El arca del pacto de Dios (Jueces 20:27)

+ El arca del pacto (Josué 3:6)

+ El arca de Jehová (Josué 4:11)

+ El arca del Dios de Israel (1 Samuel 5:7)

+ El arca de madera de acacia (Éxodo 25:10)

El tabernáculo que cargó el pueblo de Israel por el desierto estaba en un lugar llamado Silo, pero no era el lugar escogido de Dios. Era temporal. Sabemos que cuando sacaron el arca del tabernáculo de Moisés para luego entrar en batalla con los filisteos, perdieron posesión del arca (vea 1 Samuel 4:5–11). Durante un tiempo los filisteos tuvieron posesión del arca, y Dios les envió plagas hasta que la devolvieron (1 Samuel 6; 7:1–2).

La tierra había sido dividida entre las doce tribus en doce áreas. ¿Qué área escogería Dios? La decisión no se tomó hasta que David llegó a ser rey.

Desde el tiempo de Josué hasta la época de David, no había lugar específico que Dios hubiera revelado todavía como el lugar de su morada. Sí, el pueblo había salido del desierto, y toda la primera generación excepto Josué y Caleb murieron ahí. Sí, la nueva generación había entrado a la tierra de Canaán, la Tierra Prometida, que es considerada una buena tierra. Pero Sion es un lugar enteramente distinto; Sion es el lugar que Dios ha escogido para sí.

Desde el tiempo de Israel, Sion ha trascendido el ámbito natural y físico para ser un lugar espiritual y un estado del corazón. *Yo soy Sion* es el resultado de muchos años de predicar y estudiar el tema de Sion. Estos mensajes me han cambiado en muchas maneras, y a medida que se los presento, creo que estos mensajes lo cambiarán también a usted. Una revelación de Sion es clave para comprender mucho de la Escritura y el propósito de Dios para la iglesia y el mundo. Muchas verdades están conectadas con Sion, y todavía aprendo y descubro nuevas facetas de la gran ciudad.

La palabra Sion es utilizada más de 160 veces en la versión Reina-Valera de la Biblia. «Esencialmente significa 'fortificación' y conlleva la idea de haber sido 'levantado' como un 'monumento'».[2] Desde su primera mención en 2 Samuel 5, la palabra Sion se expande en magnitud y toma un significado adicional espiritual a medida que las Escrituras avanzan.[3] Los salmos están llenos de referencias a Sion, lo cual no es de sorprender al considerar que Sion también es llamada la ciudad de David. La palabra *Sion* también se refiere a Jerusalén y los dos términos son usados con frecuencia.

En la Escritura hay dos Sion. Está la Sion terrenal—Jerusalén, el lugar donde Dios habitó—y luego está la Sion celestial de la que se escribe en el Nuevo Testamento y que se convierte en un cumplimiento de la Sion terrenal. El antiguo Israel era parte de la Sion terrenal, pero como hijos de Dios somos parte de la Sion celestial.

La Jerusalén celestial es mayor que la terrenal, y está descrita en Salmos 48.

Grande es Jehová, y digno de ser en gran manera alabado en la ciudad de nuestro Dios, en su monte santo. Hermosa provincia, el gozo de toda la tierra, es el monte de Sion, a los lados del norte, la ciudad del gran Rey.

—SALMOS 48:1–2

Sion es «el gozo de toda la tierra», y en verdad es uno de los lugares y uno de los símbolos más importantes de la Escritura. Pero es importante mantenerlo en el foco de nuestro corazón y de nuestra mente a medida que estudiamos esta revelación de que Sion es mucho más que un sitio. El Sion físico es un tipo, una sombra o un símbolo tanto de la iglesia colectiva como del creyente individual. Jerusalén era el lugar donde se albergaba el templo. Era el lugar donde Dios moraba. Pero bajo el nuevo pacto y gracias a Cristo, Dios mora en nosotros. La Iglesia es el Cuerpo de Cristo; somos el lugar de su morada. Por lo tanto, somos Sion, tanto colectiva como individualmente.

UNA IDENTIDAD DE SION

En cierto punto, hace algunos años, cuando comencé a recibir la revelación de Sion, yo enfatizaba que nosotros, la Iglesia, somos el Sion colectivo. Pero en fechas recientes, he llegado a comprender que el creyente individual también es Sion. Sion es la ciudad de Dios, y en el Sermón del Monte Jesús nos asemejó a los creyentes con una ciudad; dijo: «Vosotros sois la luz del mundo; una *ciudad* asentada sobre un *monte* no se puede esconder» (Mateo 5:14, énfasis añadido). La Biblia también dice en Proverbios 25:28: «Como *ciudad* derribada y sin muro es el hombre cuyo espíritu no tiene rienda» (énfasis añadido). Sion llegó a ser conocida como la ciudad de David y la ciudad de Dios: el lugar donde moraba Dios. Somos comparados con una ciudad dentro de la cual mora Dios; una ciudad de luces que no se puede esconder. Esa luz es la gloria de Dios, que hemos llegado a conocer como la gloria de Sion.

Sion es un lugar de gobierno, reino y dominio; es una imagen del Reino. Los muros de Sion son fuertes. Están hechos de jaspe y otras piedras preciosas, y la ciudad es una fortaleza defendida y sostenida por Dios. Es un lugar de autoridad y poder. A medida que somos salvados y liberados de la mano del enemigo, la gloria de Dios nos restaura y reconstruye nuestras murallas. Ya no somos vulnerables a un ataque. Somos fuertes y fortificados como lo es Sion.

Bajo el antiguo pacto, Sion era meramente un sitio, pero ahora es un pueblo. Usted es Sion. Cristo, quien es la naturaleza espiritual de Sion, mora en usted y en cada creyente. Cuando usted recibe a Cristo, obtiene una medida plena de los beneficios de la salvación. Puede experimentar una vida completamente nueva como un creyente de Sion. Gracias a Cristo, puede declarar: «Yo soy Sion». Usted es esa ciudad gloriosa asentada sobre un monte. Usted es una fortaleza y un alcázar para la justicia de Dios. Usted es una persona de poder, autoridad y dominio al gobernar y reinar con Cristo.

Cada capítulo de este libro se desarrolla a partir del fundamento de los tipos y sombras del lugar físico llamado Sion y se expande a la realidad espiritual conforme ha sido hecha plena y completa en Cristo. A lo largo de nuestro estudio me referiré al Cuerpo de Cristo en general para contexto, pero mi énfasis estará en usted, el creyente individual.

Mi oración por usted es que tenga un entendimiento de Sion que expanda su comprensión de lo que significa estar en Cristo. Creo que esta revelación le ayudará a andar en la plenitud de quién es usted en Él. Tengo el deseo de ver a los creyentes andar en su identidad porque su identidad determina su destino. ¿Sabe quién es usted? ¿Sabe quién es usted en Cristo? Una identidad apropiada es clave para ser quien Dios lo ha llamado. La Escritura revela quiénes somos en Cristo, pero se requiere una revelación del cielo para verdaderamente verlo y saberlo. Es mi oración que reciba el espíritu de sabiduría y de revelación a medida que lea las páginas de este libro.

CONFESIONES DE YO SOY SION

Dios me llama Sion. No me veré como otros me ven.

Sion es mi nombre.

Soy Sion y Dios mora en mí.

El enemigo no me puede derrotar porque Dios vive dentro de mí.

Recibo mi nueva identidad. Estoy listo para que las cosas cambien en mi vida.

Declaro que pasaré de pobreza a prosperidad.

Seré bendecido con abundante provisión y me saciaré de alimento.

Mi provisión es bendecida.

No más pobreza para mí. Tendré provisión abundante porque soy Sion.

No hay escasez en Sion. Sion tiene más que suficiente.

Yo soy Sion. Tengo más que suficiente.

La gloria descansa sobre mí. Ando en abundancia y bendición. Dios me ha escogido, y lo que Dios escoge, bendice.

Estoy listo para incremento. Estoy listo para expansión. Estoy listo para ampliación. No permaneceré pequeño.

Me quedaré con Sion. No dejaré a Sion. No me alejaré de Sion. Permaneceré en Sion. No seré conmovido.

Permaneceré con la gloria de Sion. No me distraeré.

Sion es el lugar de Dios. Me quedaré en el lugar de Dios.

Me levantaré.

Yo soy Sion.

USTED ES SION, LA CIUDAD DE DIOS

Sion, la ciudad celestial.
La terrenal era un tipo.
La ciudad de Dios.
El lugar de gobierno y reino.

Juan vio la ciudad descender.
Llena de la gloria de Dios.
Las puertas siempre están abiertas.
Las naciones son invitadas a venir.

El río de Dios fluye.
Este río trae vida.
Alegra la ciudad de Dios.
Los tabernáculos del Altísimo.

Sion, el lugar de adoración.
La iglesia del Dios vivo.
El lugar de gloria y belleza.
Y el lugar al que se le ordena bendición.

Dios ha escogido a Sion.
Su habitación para siempre.
Muchos son nacidos en Sion.
Sus nombres son registrados en el libro.

Sion, una fortaleza.
Que ningún enemigo puede derrotar.
Un lugar de torres y baluartes,
La ciudad del Rey.

Los santos se reúnen en Sion,
Le ofrecen al Rey exaltación.
Sion, una ciudad de adoradores.
Una ciudad de reyes y sacerdotes.

Sion, un lugar de dominio,
El lugar de poder y autoridad.
El lugar de gobierno y reino.
Y el lugar de libertad.

Sion, un lugar alto,
Conoce el gozo de la victoria.
Sion, el lugar celestial,
Los nombres de los santos registrados en el libro.

Dios tiene una ciudad.
Sion es ese lugar.
La montaña de su santidad.
El lugar de gran alabanza.

Hay un río.
Cuyos arroyos alegran la ciudad.
Este río fluye en Sion.
La ciudad de nuestro Dios.

Los ciudadanos de su Reino residen allí.
Es su residencia.
Permanecen en ese lugar.
Sion, la ciudad de Dios.

Sion, una ciudad en Judá,
La tribu de alabanza.
Sion, el lugar alto,
La ciudad sobre todo.

Aquellos con corazón de Sion,
Los que aman la ciudad de Dios,
Alzan su voz al Dios de gloria
Y levantan sus voces en lo alto.

La ciudad de Dios es una fortaleza.
Los santos moran allí en seguridad.
Ningún arma puede prosperar en su contra.
Sus enemigos deben inclinarse.

Venga a Sion y adore.
Venga a Sion y permanezca.
Esta es la ciudad de Dios,
El lugar de la morada del Altísimo.

Capítulo 1

LA FORTALEZA DE SION

Pero David tomó la fortaleza de Sion,
la cual es la ciudad de David.
—2 SAMUEL 5:7

LA CIUDAD DE Sion era una fortaleza, un alcázar, defendida por los jebuseos y David conquistó esta fortaleza y la convirtió en su ciudad, la base desde donde lideró la nación de Israel. A partir de este punto, Sion tomaría un papel central en la nación de Israel. Antes de que David capturara la ciudad, los jebuseos lo provocaron al decirle que el ciego y el cojo evitarían que entrara en la ciudadela. La consideraban impenetrable. Sin embargo, David tomó su fortaleza por medio de enviar a sus hombres por el túnel de agua para infiltrar la ciudad (vea 2 Samuel 5). La conquista se convirtió en la primera de una serie de victorias para David y señaló un punto de quiebre en la vida del joven rey, ya que solidificó su gobierno y reinado sobre la región.

A través de esta victoria, Sion se transformó de ser la fortaleza de los jebuseos a ser la fortaleza de David. Como mencioné previamente, el antiguo pacto es una serie de tipos y sombras del nuevo pacto que tenemos a través de Cristo. Así que, con la posesión de Israel de este nuevo territorio vienen los tipos y sombras fundamentales del evangelio y el Reino de Dios. David es un tipo y una imagen de Cristo, ya que Jesús es llamado hijo de David (Mateo 1:1). Y la ciudad de David, como es llamada en el versículo anterior, es un tipo e imagen de la ciudad de Dios. Las Escrituras tienen mucho que decir acerca de la ciudad de Dios. Es donde mora Dios;

el lugar de su gobierno y reinado y el asiento de su dominio y poder. Es la fortaleza de Dios. El salmista declaró:

> Grande es Jehová, y digno de ser en gran manera alabado en la ciudad de nuestro Dios, en su monte santo. Hermosa provincia, el gozo de toda la tierra, es el monte de Sion, a los lados del norte, la ciudad del gran Rey.
> —Salmos 48:1–2

Sion es 'hermoso por su situación'. Esto significa literalmente que es hermoso por su elevación. Sion es un lugar elevado, lo cual representa su preeminencia y prominencia. Como señala el pasaje anterior, Sion está «a los lados del norte». Cuando pensamos en el norte, señalamos o volteamos hacia arriba. Sion está arriba en el lado norte, lo cual significa su altura y distinción. Sion está sobre todas las demás ciudades.

A medida que entendemos que la naturaleza espiritual de Sion mira en nosotros, obtenemos una revelación más completa de nuestra posición espiritual en Cristo. La Sion física estaba situada en un lugar elevado y nosotros, la Sion espiritual, estamos sentados en lugares celestiales en Cristo (Efesios 2:6). Hemos sido exaltados mediante Cristo sobre principados y potestades. No estamos bajo el gobierno de Satanás; debemos gobernar sobre él. La gente de Sion son personas de poder y autoridad.

En el libro de los Salmos, Sion es descrita como teniendo torres, palacios y antemuros.

> Andad alrededor de Sion, y rodeadla; contad sus torres. Considerad atentamente su antemuro, mirad sus palacios; para que lo contéis a la generación venidera. Porque este Dios es Dios nuestro eternamente y para siempre; él nos guiará aun más allá de la muerte.
> —Salmos 48:12–14

'Palacios' en este pasaje se refiere literalmente a ciudadelas.[1] Una ciudadela es una fortaleza, la cual suele estar en terreno alto para proteger o dominar una ciudad. Las torres y antemuros son símbolos de fuerza, poder y fortificación. 'Fortificar' significa «fortalecer y asegurar (un lugar, como un pueblo)» con obras de defensa como fuertes o baterías para que sean protegidas en contra de un ataque.[2] Vemos una imagen más clara de la fuerza de los antemuros y las torres de Sion en Salmos 48:12-14 en la paráfrasis de la Biblia en inglés llamada The Message: «Rodeen a Sion, mídanla, cuenten los picos de su fortaleza, contemplen largamente la pendiente de su antemuro, escalen las alturas de su ciudadela». Sion estaba fortificada por sus torres. Estos lugares elevados de defensa eran usados por los atalayas para protección y seguridad. Aunque las torres alrededor de la Sion física estaban hechas de piedra, un individuo también puede ser una torre y una fortaleza. Los intercesores y los profetas se paran en la torre del vigía y sirven como guardianes y protectores, tal y como vemos en las siguientes escrituras:

> Por fortaleza te he puesto en mi pueblo, por torre; conocerás, pues, y examinarás el camino de ellos.
> —JEREMÍAS 6:27

> Y tú, oh torre del rebaño, fortaleza de la hija de Sion, hasta ti vendrá el señorío primero, el reino de la hija de Jerusalén.
> —MIQUEAS 4:8

USTED ES UNA FORTALEZA PARA DIOS

¿Se considera Sion? ¿Se considera una fortaleza? A medida que llegue a la revelación de que usted es Sion, entenderá que también es una fortaleza para Dios. Usted es una torre fuerte por medio de Cristo. Usted es un alcázar, un guardián y un protector.

Un baluarte o antemuro es una estructura sólida a manera de muros que sirve de fuerte apoyo o protección.[3] Sion está bien defendida gracias a sus torres y baluartes, y así es como deberíamos ver a la iglesia y al creyente individual. Usted es una ciudad asentada sobre un monte que está bien defendida con torres, baluartes y antemuros. Usted es una ciudad fuerte por medio de Cristo.

Comience a verse de esta manera. Confiéselo con su boca. Usted no es débil. Usted es fuerte en Cristo. Usted es edificado por medio de la Palabra y el Espíritu.

Sion está edificado sobre Cristo. Lo soporta y lo sostiene, lo cual significa que Cristo lo soporta y lo sostiene a usted. Isaías profetizó:

> Por tanto, Jehová el Señor dice así: He aquí que yo he puesto en Sion por fundamento una piedra, piedra probada, angular, preciosa, de cimiento estable; el que creyere, no se apresure.
> —ISAÍAS 28:16

Sion ya no tiene un fundamento físico. Jesús es el fundamento de Sion, y Él es el fundamento de su vida y de la iglesia. Dios declaró en Isaías 51:16:

> Y en tu boca he puesto mis palabras, y con la sombra de mi mano te cubrí, extendiendo los cielos y echando los cimientos de la tierra, y diciendo a Sion: Pueblo mío eres tú.

Sion, que era un lugar físico, ahora es un pueblo. Dios está más interesado en las personas que en lugares físicos. Lo físico en el antiguo pacto era un tipo y una imagen de algo espiritual bajo el nuevo pacto. Sion se vuelve la nueva creación, la Iglesia. Sion es el creyente, la nueva criatura.

El fundamento le da soporte a la estructura. Entre mayor sea la estructura, mayor es el fundamento. Sion es una gran ciudad. En Salmos 87:3 dice: «Cosas gloriosas se han dicho de ti, Ciudad de Dios. *Selah*». La traducción Dios Habla Hoy lo dice de esta manera: «Ciudad de Dios, qué cosas tan hermosas se dicen de ti». Dios hace grandes cosas en Sion, y hace grandes cosas por usted.

Tengo la pasión de hablar de las verdades gloriosas de Sion porque se le aplican al creyente. Hay grandeza en Sion, y usted posee grandeza como creyente en Cristo. Dios nos ordena que abramos nuestros oídos y escuchemos. Dios nos está hablando. Quiere que escuchemos las cosas gloriosas y maravillosas que tiene que decir de nosotros.

Salmos 48 dice en los versículos 4–6:

> Porque he aquí los reyes de la tierra se reunieron; pasaron todos. Y viéndola ellos así, se maravillaron, se turbaron, se apresuraron a huir. Les tomó allí temblor; dolor como de mujer que da a luz.

Esto es lo que siente el enemigo cuando ve a Sion. El enemigo se maravilla. Se turba. Huye lleno de temor y le sobreviene dolor como mujer que da a luz.

Otras traducciones dicen que los reyes estaban asombrados y sobrecogidos cuando vieron Sion. Cuando vieron la gran ciudad, se congelaron de temor y huyeron en terror. La versión Passion Translation en inglés dice que cuando los poderosos reyes quienes se unieron para oponerse a Sion «vieron a Dios manifestarse frente a sus ojos quedaron atónitos. Temblando, todos huyeron, paralizados de miedo. Atacados por el pánico, se doblaron en angustia espantosa como una mujer en dolores de trabajo de parto» (Salmos 48:4–6).

USTED ES LA FUERZA Y LA BELLEZA DE SION

En la descripción de Salmos 48, Sion es una imagen de fuerza y belleza. Según Salmos 50:2, Sion es perfección de hermosura. Como Sion mora en usted, usted también tiene la fuerza y la belleza de Dios.

Dios es un Dios de belleza. Es un atributo de su gloria. David deseaba «contemplar la hermosura de Jehová» (Salmos 27:4), y adoramos en la hermosura de la santidad (Salmos 96:9). La belleza de Dios está sobre nosotros (Salmos 90:17). Dios es nuestra corona de gloria y diadema de hermosura (Isaías 28:5). Dios nos da gloria en vez de ceniza (Isaías 61:3), y poder y gloria en su santuario (Salmos 96:6). Job 40:10 dice: «Adórnate ahora de majestad y de alteza, y vístete de honra y de hermosura». Una pérdida de belleza es una pérdida de gloria (Lamentaciones 1:6). Se le ordena a Sion que se vista de ropa hermosa (Isaías 52:1), y como la morada espiritual de Sion, usted lleva la belleza del Señor.

Como la Sion terrenal, la Sion celestial también es descrita con atributos de belleza. Apocalipsis 21:18–20 dice que los cimientos del muro de la ciudad fueron adornados con piedras preciosas, los cuales de nuevo representan gloria y belleza:

> El material de su muro era de jaspe; pero la ciudad era de oro puro, semejante al vidrio limpio; y los cimientos del muro de la ciudad estaban adornados con toda piedra preciosa. El primer cimiento era jaspe; el segundo, zafiro; el tercero, ágata; el cuarto, esmeralda; el quinto, ónice; el sexto, cornalina; el séptimo, crisólito; el octavo, berilo; el noveno, topacio; el décimo, crisopraso; el undécimo, jacinto; el duodécimo, amatista.

Sion, la ciudad del Rey, está adornada con belleza, y el Rey gobierna y reina desde este lugar de gloria y fuerza. David gobernó desde la Sion física, y el Rey de reyes, Jesús, gobierna y reina en usted.

Con el Señor como la cabeza, Sion no pude evitar ser victoriosa. Todos los que atacan a Sion experimentan derrota porque Sion no puede ser derrotada. Así es cómo debe verse a usted mismo. Sion es una imagen del Reino, y Jesús dijo: «…el reino de Dios está entre vosotros» (Lucas 17:21). No permita que el enemigo lo intimide. Usted es victorioso. Usted es una fortaleza. Usted es una ciudadela. Usted es la ciudad de Dios; la ciudad del gran Rey. Dios defiende su ciudad, lo cual significa que lo defiende a usted.

El Señor es grande en Sion. Sus enemigos tiemblan delante de Sion, y se dice de ella: «Con viento solano quiebras tú las naves de Tarsis» (Salmos 48:7). Las naves de Tarsis representan una flota o una armada, los cuales son símbolos de fuerza y poder. El poder del enemigo es roto por medio de Sion, lo cual significa que el poder del enemigo es roto a través de usted.

VÍSTASE DEL PODER DE SION

> Despierta, despierta, vístete de poder, oh Sion; vístete tu ropa hermosa, oh Jerusalén, ciudad santa; porque nunca más vendrá a ti incircunciso ni inmundo.
> —ISAÍAS 52:1

Sion es una ciudad fuerte; y el creyente de Sion también es fuerte. Sion tiene muros y antemuros de salvación. Sion canta el cántico nuevo. El creyente de Sion tiene el corazón circuncidado, y el incircunciso y el inmundo no pueden entrar. Como Sion canta o declara fuerza, y usted es Sion, usted también canta fuerza.

En aquel día cantarán este cántico en tierra de Judá: Fuerte ciudad tenemos; salvación puso Dios por muros y antemuro.

—Isaías 26:1

Usted tiene el río de Dios que fluye a partir de usted. El río está lleno de alegría.

Del río sus corrientes alegran la ciudad de Dios, el santuario de las moradas del Altísimo.

—Salmos 46:4

Le damos a Dios gran alabanza en la ciudad de Dios. La versión en inglés Names of God Bible dice en Salmos 48:1: «Yahvé es grande. Debería ser altamente alabado».

Grande es Jehová, y digno de ser en gran manera alabado en la ciudad de nuestro Dios, en su monte santo.

—Salmos 48:1

Sion es la ciudad del Señor de los ejércitos.

Como lo oímos, así lo hemos visto en la ciudad de Jehová de los ejércitos, en la ciudad de nuestro Dios; la afirmará Dios para siempre. *Selah*.

—Salmos 48:8

Cosas gloriosas se han dicho de ti, Ciudad de Dios. *Selah*.

—Salmos 87:3

Reciba la shalom de Sion

Sion es el lugar de *shalom*, la paz de Dios. Es la fortaleza de Dios, donde no hay herida ni abuso espiritual. El lobo y el cordero moran juntos. Los judíos y los gentiles son hechos uno en Cristo. Personas de todas las naciones vienen a Sion para vivir en paz y disfrutar serenidad imperturbable.

No harán mal ni dañarán en todo mi santo monte; porque la tierra será llena del conocimiento de Jehová, como las aguas cubren el mar.

—Isaías 11:9

El lobo y el cordero serán apacentados juntos, y el león comerá paja como el buey; y el polvo será el alimento de la serpiente. No afligirán, ni harán mal en todo mi santo monte, dijo Jehová.

—Isaías 65:25

Al igual que en Sion, el lugar de la morada de Dios, la paz de Dios reside en su corazón y mente (Filipenses 4:7). Nada que sea distinto a Dios es permitido en Sion. Así como lo fue para la Sion física, ningún extraño pasará por nuestra zona espiritual. Solo los ciudadanos del Reino pueden vivir en esta ciudad y mantener un corazón conforme a Sion.

Y conoceréis que yo soy Jehová vuestro Dios, que habito en Sion, mi santo monte; y Jerusalén será santa, y extraños no pasarán más por ella.

—Joel 3:17

Sion es celestial. Sion es un pueblo celestial que vive en la Tierra. El Reino es el cielo que viene a la Tierra. El monte del Señor llena la Tierra.

Y me llevó en el Espíritu a un monte grande y alto, y me mostró la gran ciudad santa de Jerusalén, que descendía del cielo, de Dios.

—Apocalipsis 21:10

QUE LA REDENCIÓN DE SION VENGA A USTED

A ordenar que a los afligidos de Sion se les dé gloria en lugar de ceniza, óleo de gozo en lugar de luto, manto de alegría en lugar del espíritu angustiado; y serán llamados árboles de justicia, plantío de Jehová, para gloria suya.

—Isaías 61:3

Sion entró en luto a causa de la desobediencia. Pero Jesús vino a redimir a Sion y a darle gloria en lugar de ceniza, la cual representa derrota y pesar. La gloria restaura la belleza. Sion es hermosa porque la gloria del Señor está allí. Usted es Sion, y eso significa que es hermoso.

La gloria también restaura gozo. En Sion recibimos gozo y alegría en lugar de depresión y derrota. Recibimos la vestidura de alabanza y mostramos el esplendor del Señor. Isaías 61 dice que seremos llamados «árboles de justicia, plantío de Jehová, para gloria suya». Recibimos el óleo de gozo, en lugar de luto. Sion es el lugar de gozo y alegría. A medida que tomamos la identidad de Sion, Dios nos libera de depresión y derrota, y recibiremos la vestidura de alabanza.

En este versículo, también nos enteramos de que como creyentes de Sion somos árboles de justicia. Somos plantío del Señor. Isaías 60, al cual llamo el capítulo de la gloria, habla acerca de árboles. La gloria es tipificada por el Líbano. Líbano es una nación de árboles magníficos. Dios es glorificado en Sion porque es glorificado a través de nosotros. Somos Sion.

Ahora que entendemos qué y quién es Sion, profundicemos en nuestro entendimiento de cómo se ha convertido en la elección de Dios, su deseo y el lugar de su morada o habitación para siempre.

Capítulo 2

LA HABITACIÓN DE DIOS

Porque Jehová ha elegido a Sion; la quiso por
habitación para sí. Este es para siempre el lugar de
mi reposo; aquí habitaré, porque la he querido.
—SALMOS 132:13–14

DIOS SIEMPRE HA deseado morar entre su pueblo. Desde los días del tabernáculo de Moisés, Dios fue claro en que quiere hacer su habitación entre su pueblo. Pero no fue sino hasta el establecimiento de la Sion terrenal que el patrón de cómo Dios moraría entre nosotros tomó implicaciones eternas. Para ver esta progresión, regresemos unos cientos de años atrás antes de la ocupación de Sion a la época justo después de que Moisés hizo el tabernáculo conforme a las especificaciones de Dios, cuando el pueblo de Israel estaba abriéndose paso hacia la Tierra Prometida.

SILO

Después de deambular por el desierto, el pueblo de Israel, bajo el liderazgo de Josué, cruzó el río hacia la Tierra Prometida que era Canaán. Si recuerda, Moisés, quien los guio fuera de Egipto, no tuvo permitido entrar a la Tierra Prometida porque fue «infiel» a Dios «a la vista de todos los israelitas» en las «aguas de Meribá Cades» y porque «no honraron mi santidad» (Deuteronomio 32:51, NVI). Así que Josué, quien había exhibido gran fe en Dios y valentía (vea Números 14), tomó el tabernáculo de Moisés, el cual contenía el arca de Dios, y lo llevó a la Tierra Prometida. Una vez allí, el tabernáculo fue armado en Silo.

Silo es el lugar donde Ana oró por un hijo e hizo voto al Señor (vea 1 Samuel 1–2). Silo es también el lugar donde el joven profeta Samuel, el hijo por el que Ana oraba, escuchó la voz de Dios. Silo es donde Elí fue mentor del joven Samuel y lo educó. Es también donde los hijos de Elí, Ofni y Finees, fueron sacerdotes malvados y corruptos (vea 1 Samuel 2:12–25). Menospreciaban las cosas santas de Dios y a la larga trajeron juicio sobre la casa de Elí.

No obstante, por un momento Silo fue el lugar donde estaban el tabernáculo, el arca de Dios y moraba la presencia de Dios. Y, por un momento, Silo fue el lugar donde Dios hizo su habitación entre el pueblo.

Lamentablemente, el momento no duraría mucho. Josué murió y «se levantó después de ellos otra generación que no conocía a Jehová, ni la obra que él había hecho por Israel. Después los hijos de Israel hicieron lo malo ante los ojos de Jehová, y sirvieron a los baales. Dejaron a Jehová el Dios de sus padres, que los había sacado de la tierra de Egipto, y se fueron tras otros dioses, los dioses de los pueblos que estaban en sus alrededores, a los cuales adoraron; y provocaron a ira a Jehová» (Jueces 2:10–12).

No honraron a Dios. No buscaron su presencia. Se rebelaron en su contra e hicieron lo que bien les parecía (Jueces 21:25). Así que Dios «dejó, por tanto, el tabernáculo de Silo, la tienda en que habitó entre los hombres, y entregó a cautiverio su poderío, y su gloria en mano del enemigo» (Salmos 78:60–61).

Esto fue alrededor del tiempo en el que los filisteos tomaron el arca, la cual fue una de las más trágicas derrotas de Israel. Supusieron que el arca les aseguraría la victoria si la traían a la batalla con ellos:

> Cuando volvió el pueblo al campamento, los ancianos de Israel dijeron: ¿Por qué nos ha herido hoy Jehová delante de los filisteos? Traigamos a nosotros de Silo el arca del pacto de Jehová, para que viniendo entre nosotros nos salve de la mano de nuestros enemigos.
>
> Y envió el pueblo a Silo, y trajeron de allá el arca del pacto

de Jehová de los ejércitos, que moraba entre los querubines;
y los dos hijos de Elí, Ofni y Finees, estaban allí con el arca
del pacto de Dios.

Aconteció que cuando el arca del pacto de Jehová llegó
al campamento, todo Israel gritó con tan gran júbilo que la
tierra tembló.

—1 Samuel 4:3–5

Resultó que lo que pensaron que era una buena estrategia no lo
fue. Perdieron la batalla y el arca. Los hijos de Elí fueron muertos
(esto, por supuesto, fue el juicio de Dios en su contra por sus abominaciones). Al escuchar las noticias, Elí cayó y se desnucó y su nuera
que estaba encinta entró en trabajo de parto (vv. 18–19). Llamó al
niño Icabod, que significa 'traspasada es la gloria de Israel' (v. 22).

Sabemos que el arca de Dios representa su gloria, así que
cuando el arca es traspasada, también la gloria. Israel había sido
consagrado como cuidadores del arca. Habían sido escogidos por
Dios para ser bendecidos con su presencia. Ninguna otra nación
había tenido ese privilegio. Los filisteos no habían sido encomendados para ser los guardianes del arca, así que cuando trajeron el
arca a su tierra, sufrieron juicios tremendos de Dios.

El arca de Dios nunca regresaría a Silo. No sería sino hasta que
David estableció su tabernáculo que la presencia de Dios regresaría
a morar entre el pueblo.

RECAPTURAN EL ARCA DE DIOS

Con el arca de Dios en su posesión los filisteos experimentaron un
pesado juicio de parte de Dios (vea 1 Samuel 5–6) tanto así que
hicieron arreglos con el ejército israelita para regresarla. Esto fue
durante el reinado del rey Saúl. Y durante veinte años de su reino,
el arca permaneció en Quiriat-jearim. Cuando David llegó a ser rey,
su primera cosa en el orden del día era traer el arca de vuelta a Israel. La quería cerca de él. Sabía que tenerla en su ciudad, cerca de
su trono, significaría bendición, protección y la presencia de Dios.

Una vez que David tomó la fortaleza de Sion y la estableció como su ciudad, su fortaleza, David se propuso recuperar el arca.

Su primer intento de mover el arca terminó en fracaso con la muerte de Uza (2 Samuel 6:7). Así que llevó el arca a casa de Obed-edom, donde permaneció tres meses. Dios bendijo la casa de Obed-edom a causa del arca (2 Samuel 6:10–11). David vio la bendición que vino sobre la casa de Obed-edom y deseó todavía más tener el arca residiendo en su ciudad, así que hizo un segundo intento final para mover el arca. Esta vez tuvo éxito.

> Fue dado aviso al rey David, diciendo: Jehová ha bendecido la casa de Obed-edom y todo lo que tiene, a causa del arca de Dios. Entonces David fue, y llevó con alegría el arca de Dios de casa de Obed-edom a la ciudad de David. Y cuando los que llevaban el arca de Dios habían andado seis pasos, él sacrificó un buey y un carnero engordado. Y David danzaba con toda su fuerza delante de Jehová; y estaba David vestido con un efod de lino. Así David y toda la casa de Israel conducían el arca de Jehová con júbilo y sonido de trompeta.
>
> —2 Samuel 6:12–15

Este fue un tiempo de gran celebración en Israel, y como lo discutiré en un capítulo posterior, Sion se volvería una imagen de alabanza y regocijo. El salmista escribió: «Se alegrará el monte de Sion; se gozarán las hijas de Judá por tus juicios» (Salmos 48:11).

David entró a Sion con gritos de alabanza porque el arca residiría allí. El arca era la pieza de mobiliario más valiosa en Israel. Fue colocada en el Lugar Santísimo entre los querubines (2 Crónicas 5:7), y la gloria de Dios reposó en ella. El arca era una imagen de la presencia y la gloria de Dios, y representaba la fuerza y el poder de Dios (Salmos 132:8). Cuando el arca llegó a Sion se volvió la habitación de Dios y, como la habitación de Dios, se volvió el lugar de la fuerza de Dios. Lo que es todavía mejor que el arca haya sido traída a Sion es que Sion haya sido también el lugar que Dios escogió para sí para morar para siempre.

Porque Jehová ha elegido a Sion; la quiso por habitación para sí. Este es *para siempre* el lugar de mi reposo; aquí habitaré, porque la he querido. Bendeciré abundantemente su provisión; a sus pobres saciaré de pan. Asimismo vestiré de salvación a sus sacerdotes, y sus santos darán voces de júbilo. Allí haré retoñar el poder de David; he dispuesto lámpara a mi ungido. A sus enemigos vestiré de confusión, mas sobre él florecerá su corona.

—SALMOS 132:13–18, ÉNFASIS AÑADIDO

Es importante observar aquí que mientras David colocó el arca de Dios bajo una tienda en Sion, el tabernáculo de Moisés seguía en Silo. Como señalé anteriormente, la presencia de Dios dejó Silo. Dios la dejó (Salmos 78:60). Removió su presencia de ese lugar. Escogió más bien a la tribu de Judá y a Sion (Salmos 78:68).

Esta es una transición importante. En lugar de morar en medio de sacrificios de animales (Silo) Dios ahora escogió morar en medio de la alabanza (Sion). El Señor amó las puertas de Sion más que todas las moradas (tabernáculos) de Jacob. Las amó porque la alabanza y la adoración ordenadas por David alrededor del arca manifestaron la misma atmósfera de adoración que se encuentra en el cielo. Sion era la expresión terrenal de la adoración celestial en la que Dios mora continuamente. Dios, por lo tanto, «habitó» entre las alabanzas de la Sion terrenal así como mora en la adoración de los lugares celestiales (vea Salmos 22:3).

¿Ve por qué debemos tener esta revelación de Sion? Si queremos que Dios more entre nosotros, si queremos conocer su poder y si queremos su gloria, debemos llegar a conocernos y a la Iglesia como el lugar espiritual de la morada de Dios. Somos Sion. Dios siempre ha deseado morar dentro y entre su pueblo. ¡Podemos alinear nuestro corazón con su deseo y venir a la plenitud de su entendimiento y ver la majestad, belleza y gloria de Dios en nuestro medio!

Cómo cumplió Dios su promesa de «Sion para siempre»

El reinado de David sobre el pueblo de Israel fue próspero, aunque experimentó muchos fracasos. David llegó a ser conocido como un varón conforme al corazón de Dios. Sin embargo, Dios no le permitiría a David cumplir la profecía de que edificaría el templo en Jerusalén, el cual se convertiría en la morada permanente física del arca. En lugar de ello, la tarea sería pasada a su hijo Salomón, quien en verdad construyó el templo en Jerusalén (1 Reyes 6:1–6). Pero si recuerda, Salomón desobedeció a Dios y se casó con mujeres extranjeras que adoraban dioses extraños. Esto llevó a Salomón a servir también esos dioses o ídolos (1 Reyes 11:1–4).

Como un juicio en contra de las acciones de Salomón, Dios le arrancó el reino a Salomón y lo partió en dos. Le dio diez tribus, llamadas las tribus del norte, a un general llamado Jeroboam, y las dos tribus del sur—Judá y Benjamín—al hijo de Salomón, Roboam. Para leer el relato bíblico de este juicio y el orden del gobierno establecido después de él, vea 1 Reyes 11–12.

Dios no le quitó todo el Reino a Salomón porque le había prometido a David que la simiente de David se sentaría en el trono de Israel para siempre. Por supuesto, «para siempre» culminó con Jesús siendo Él mismo hijo de David. Dios, en su misericordia, preservó dos tribus para los descendientes de David, pero tomó diez tribus y se las dio a Jeroboam. Israel quedó partido en el reino del sur, que es llamado Judá, y el reino del norte, que es llamado Israel. Jesús es la manera en que Dios ha cumplido su promesa de que haría de Sion su habitación y reposo para siempre.

Jesús, Aquel que vino a través del linaje de David, conquistó la muerte y se sienta en el trono de la Sion celestial para siempre. Por eso Sion ya no puede estar limitada simplemente a un lugar físico. Cristo reina en nuestro corazón (2 Corintios 13:5; Romanos 8:10; Gálatas 2:20; Efesios 3:17). Dentro de lo que es su Reino

(Lucas 17:21: «El reino de Dios está entre vosotros») y reina en la Sion celestial para siempre.

Este será grande, y será llamado Hijo del Altísimo; y el Señor Dios le dará el trono de David su padre; y reinará sobre la casa de Jacob para siempre, y su reino no tendrá fin.

—Lucas 1:32–33

NOSOTROS NO ESCOGEMOS, DIOS LO HACE

Durante la época de Judá, muchos reyes del linaje de Salomón fueron malos. Pero hubo algunos que fueron buenos como Asa, Josafat, Ezequías, Ocozías y Josías, pero a la larga Dios se llevó a Judá al cautiverio en Babilonia (vea Jeremías 39–43).

Por otro lado, el reino del norte nunca tuvo un rey bueno. Cada rey en el norte fue rebelde, comenzando con Jeroboam y sus descendientes y siguió hasta Acab y Jezabel y otros. Por lo cual Dios le arrebató el reino. Antes de esto, Dios le había dado a Jeroboam una palabra profética de que tomaría diez tribus de Israel y que se las daría (1 Reyes 11:30–31). Pero Dios también había ordenado que las doce tribus de Israel fueran a Jerusalén tres veces al año para adorar: Pascua, Pentecostés y Tabernáculos.[1] Aunque Dios partió la nación, todavía esperaba que todas las tribus se reunieran en Jerusalén para adorar y luego regresaran a casa a sus territorios respectivos.

Pero Jeroboam tenía miedo de que si las tribus que él gobernaba volvían a Jerusalén a adorar lo abandonarían. En 2 Reyes 12:26–33 leemos que Jeroboam estableció dos lugares para que el pueblo adorara que Dios no ordenó. Estableció sacerdocios falsos, uno en Dan y el otro en Betel. Estos dos lugares se convirtieron en lugares de adoración falsa. Les dijo a las diez tribus: «Bastante habéis subido a Jerusalén; he aquí tus dioses, oh Israel, los cuales te hicieron subir de la tierra de Egipto» (v. 28). Se estableció un sacerdocio falso que Jeroboam «había inventado de su propio corazón» (v. 33).

Sin importar lo que Jeroboam tratara de establecer, Dios había ordenado que Jerusalén o Sion fuera el lugar de adoración. Jeroboam estaba en rebelión. Ni siquiera había llegado a gobernar, cuando de inmediato desvió al pueblo de Israel del Dios verdadero a una adoración falsa, todo porque no confió en Dios. Aunque Dios le había dado una palabra profética, tuvo miedo de que desertarían y volverían a Jerusalén. Necesitaba confiar en que cuando Dios le da algo a una persona, lo bendecirá. La bendición de Dios viene sin tristeza con ella. Jeroboam podría haber confiado en que Dios sería fiel a su Palabra. Pero no lo hizo. Creo que Dios hubiera permitido que Jeroboam permaneciera como el gobernador de la Tierra de haber permitido que el pueblo fuera a Jerusalén y luego volviera a sus hogares en el reino del norte. En lugar de eso, Jeroboam trató de pasar por encima de la decisión eterna de Dios, que siempre es Sion.

Dios fue muy serio con respecto a que el pueblo honrara su lugar de adoración escogido. Con frecuencia, cuando los salmistas cantaban y profetizaban, le declaraban a Israel que el lugar verdadero de adoración es Sion. Profetizaban que Sion es el lugar que Dios ha escogido. Sion es el lugar de su habitación, no esos otros lugares adonde iban las tribus del norte. Sin embargo, a pesar de aquellos que siguieron la directiva de Jeroboam, había aún personas fieles que venían desde el norte hasta Jerusalén. Siempre hay un remanente. Aunque Jeroboam les dijo que no fueran, hubo algunos que acudieron a Jerusalén porque sabían que los lugares establecidos por Jeroboam eran falsos.

Como juicio por la rebelión de Jeroboam en contra de las instrucciones del Señor, el reino del norte fue llevado en cautividad muchos años antes que el reino del sur. Dios envió a los Asirios a que se los llevaran cautivos (2 Reyes 17). Las oficinas centrales de Asiria estaban en Nínive. Por eso Jonás no quería ir a predicar a Nínive porque no le simpatizaban los asirios ya que eran los enemigos de Israel.[2] Los asirios vinieron y rodearon a las diez tribus del norte. Así fue cómo el reino del norte llegó a ser conocido como las tribus perdidas de Israel.

Senaquerib, quien era el rey de Asiria, intentó tomar Judá, el reino del sur, también durante el reinado de Ezequías (2 Reyes 18:13). Ezequías clamó a Dios (2 Reyes 19:14–19), y Dios le respondió. Como Ezequías confió en Dios, Dios envió a un ángel quien mató 185 000 asirios en un día (2 Reyes 19:35), así que Jerusalén no fue llevada en cautiverio en ese tiempo. El reino de Judá se extendió varios años más. Tuvo algunos avivamientos más, siendo el de Josías el último, y finalmente Dios se llevó el reino del sur a Babilonia.[3]

A menudo cuando leemos los salmos, enfatizan a Sion o a Jerusalén como el lugar de la bendición de Dios, de la gloria de Dios, de su habitación y de la verdadera adoración para hacerle saber a Israel que no podían ir a esos lugares falsos. Debían venir al lugar que Dios había escogido.

Incluso hoy, no podemos simplemente escoger y elegir como vamos a adorar a Dios. La Biblia dice que los que adoren a Dios deben adorarlo en espíritu y en verdad (vea Juan 4:24). No podemos simplemente escoger y elegir y decir: «Creo que seré un budista». «Creo que seré un hindú». «Creo que seré un musulmán». «Creo que seré un mormón». «Simplemente escogeré una religión que me guste y adoraré como quiera».

No, no depende de usted escoger cómo adorar. Dios ha escogido a Sion. Sion siempre ha sido el lugar de adoración de Dios. Sion siempre ha sido el lugar donde mora su presencia. Sion siempre ha sido el lugar de gloria, como sabemos, el lugar donde Dios mora, el lugar donde Dios habita. Es un lugar de prosperidad, bendición y abundancia. ¿Por qué? Porque Dios está allí.

CÓMO ENTENDER 'PARA SIEMPRE'

Observe que Dios dice en Salmos 132:14: «Este es *para siempre* el lugar de mi reposo; aquí habitaré, porque la he querido» (énfasis añadido). Las palabras 'para siempre' nos llevan al aspecto eterno de Sion. Cada vez que vea las palabras 'para siempre' en el Antiguo Testamento pueden significar dos cosas diferentes. Puede significar un largo periodo o puede representar una era. Es una palabra hebrea, *ad*, la cual significa «perpetuidad, para siempre, futuro continuo», «interminable», «eternidad», «perpetuamente».[4] La imagen es un horizonte tan lejano como pueda ver.

Dios le dijo a Israel que escogería a Aarón y a sus descendientes como sacerdotes para siempre (Éxodo 40:15). La palabra hebrea que se traduce 'para siempre' en esta instancia es *owlam*, la cual significa «larga duración», «tiempo antiguo» o «largo tiempo (de pasado)».[5]

El sacerdocio de Aarón terminó. Cuando el templo fue destruido, y el antiguo pacto se cumplió, Dios inició un sacerdocio más grande llamado el sacerdocio de Melquisedec. Ya no tenemos un sacerdocio aarónico porque ya no lo necesitamos. Ya no necesitamos que los hombres traigan sacrificios de animales al templo. Esa era la responsabilidad principal de Aarón y sus hijos. Cuando ese sistema acabó, se terminó; aunque Dios dijo que lo haría «como un estatuto perpetuo» (vea Éxodo 27:21). 'Para siempre' puede significar el final de una era. En la versión en inglés Young's Literal Translation, dice «lo que dure la era» (Éxodo 40:15). Las palabras 'para siempre' se traducen del griego como 'mientras dure la era' o 'hasta el final de la era', hasta el final de esa era del antiguo pacto.

Lo mismo sucede con la circuncisión. Dios dijo que el pacto de la circuncisión era para siempre, pero fue un derecho mientras durara la era. Así fue hasta el final de esa era. Ya no tenemos que estar circuncidados en la carne. Ahora somos circuncidados en el corazón.

También estas cosas fueron tipos, sombras e imágenes de algo mayor que viene. Jerusalén, Sion y el templo físicos donde iban tres veces al año era una imagen de algo celestial, algo que venía. Solamente fue un tipo y una sombra hasta que vino Jesús. Cuando Jesús viene, trae lo celestial, la realidad representada por el tipo y el símbolo.

La Jerusalén terrenal, Sion terrenal, la ciudad y el templo terrenales solo eran una imagen de la Jerusalén celestial, de la Sion celestial, el templo y la ciudad celestiales que vemos descender del cielo en libro de Apocalipsis. Es algo celestial. La Tierra fue primero—primero lo natural, y luego lo espiritual—, así que es para siempre (vea 1 Corintios 15:46).

Dios tiene una Sion eterna, pero no es una ciudad terrenal. Es una ciudad celestial. Es la ciudad con fundamento que Abraham vio, una ciudad cuyo arquitecto y constructor es el Señor (Hebreos 11:10, compare con Apocalipsis 21:2, 14).

Dios quiere que sepamos que Sion siempre es el lugar donde mora. Si quiere encontrar a Dios, necesita encontrar Sion. ¿Dónde está Sion? No es un lugar físico o terrenal. Es algo espiritual. ¿Dónde está Sion? Es el lugar donde Dios mora; y Dios mora entre nosotros.

En la Escritura Sion no solo es un lugar físico como he señalado. Es un pueblo también. Dios describe a su pueblo como Sion. Cuando buscamos Sion, buscamos un pueblo. Buscamos un cierto grupo de personas que viven en Sion, cuya realidad e identidad es establecida en el ámbito divino.

UNA VISIÓN MÁS CLARA DE LA SION CELESTIAL

Para obtener una mayor comprensión de lo que es Sion, vamos a Hebreos 12 y permítame darle una escritura de pacto que se conecta con lo que estoy diciendo aquí. En el versículo 22, el escritor les dice a los creyentes: «Sino que os habéis acercado al monte de Sion, a la ciudad del Dios vivo, Jerusalén la celestial, a la compañía de muchos millares de ángeles». Observe que le estaba escribiendo a los hebreos. Este es un pueblo, los hebreos, los judíos, quienes toda su vida habían estado conectados con la Sion terrenal, Jerusalén, la ciudad, el templo, el sacerdocio, las fiestas, Pascua, Pentecostés y Tabernáculos. Este era el mismo hermoso templo que los discípulos le dijeron a Jesús cuánto lo admiraban y que el Señor les respondió que sería destruido (Marcos 13:1–2; Mateo 24:1–3; Lucas 21:5–7).

Pero ahora, el escritor a los Hebreos les dice que ya no están conectados a la terrenal. Ahora están conectados a la celestial. Han venido a algo más grande que lo que estaban acostumbrados. Han venido a la realidad de la cual la ciudad era solo un tipo y una imagen.

Sí, todavía tenemos una ciudad llamada Jerusalén en la Tierra incluso ahora. La visité y fue una gran experiencia. Pero mi realidad va más allá de incluso eso. Mi realidad es celestial. Tengo algo mayor que la realidad. Todos lo tenemos.

SER EL CIELO EN LA TIERRA

Observe lo que dice aquí en Hebreos 12 versículos 22–23: «Sino que os habéis acercado al monte de Sion, a la ciudad del Dios vivo, Jerusalén la celestial, a la compañía de muchos millares de ángeles, a la congregación de los primogénitos...».

Dice aquí que hemos venido a la iglesia. La iglesia es la Jerusalén celestial, el monte Sion, la ciudad de Dios. ¿Se da cuenta—y esto es asombroso—de que aunque estamos en la Tierra, somos un pueblo celestial? Usted está en este mundo, pero no es de él porque su ciudadanía está en los cielos.

Lo más difícil acerca de vivir para Dios es cómo ser celestial en la Tierra. No es fácil porque cuando uno es celestial la gente puede decir que somos demasiado profundos o espirituales. El desafío es cómo ser celestial y todavía pagar sus cuentas, lavarse los dientes y disfrutar la vida al vivir en la Tierra. Esas son las partes difíciles porque estamos muy acostumbrados a ser terrenales. Pero entonces uno es bautizado en el Espíritu Santo y comienza a tener sueños, visiones, a profetizar y orar, obtiene la unción, recibe una unción, la Palabra de Dios se vuelve viva para usted y entonces comienza—si no es cuidadoso—a ser fantasmagórico. Esta es la parte difícil: cómo ser celestial sin ser fantasmagórico, sin flotar por las habitaciones viendo a todos desde arriba. Pero esto es lo que es ser celestial mientras todavía vive en la Tierra.

¿Su iglesia es una iglesia de Sion?

Aunque estamos en el descubrimiento de que cada uno somos Sion, también deberíamos encontrar lugares para adorar que sean lo que yo llamo, iglesias de Sion. Las iglesias de Sion mantienen la realidad de Sion viva dentro de nosotros. Las iglesias de Sion hacen de la gloria y la presencia de Dios su búsqueda. La presencia de Dios es bienvenida en medio de ellos. Las iglesias de Sion esperan conectarse con el ámbito de los milagros. Esperan activar lo profético en cada servicio. Esperan cantar alegres a Dios y adorarlo hasta que la gloria de Dios venga.

Quizá piense: «Hermano, Eckhardt, ¿cómo sé si estoy en una iglesia de Sion? ¿Es una iglesia llamada Sion, Monte de Sion, Gran Sion, Nueva Sion, Santa Sion o Grande Sion, acaso?».

Vayamos de vuelta a Salmos 132, y veamos el versículo 16. Dice: «Asimismo vestiré de salvación a sus sacerdotes, y sus santos darán voces de júbilo». Así que le preguntaré: «¿En esa iglesia dan voces de júbilo?».

«¿Voces, gritar?—quizá piense—. ¿Quiere decir que dar voces es una señal de Sion?».

Sí, así es: «Gritad con júbilo», dice la Biblia. En otras palabras, Sion es un lugar con tal presencia de Dios que sus sacerdotes y reyes están vestidos de salvación y liberación y dan voces de júbilo.

«Bueno, yo no quiero ir a una iglesia donde griten».

Entonces no quiere Sion.

«Yo quiero ir a una iglesia donde todos simplemente adoren en voz baja y en orden. Quizá algún breve 'aleluya' o 'amén' de vez en vez, pero no demasiado fuerte. Todo ese '¡levanta tu voz y grita con júbilo!', yo no quiero eso».

Bueno, de nuevo, lamento decirle esto, pero de seguro no quiere a Sion, porque gritar es una señal de victoria.

Cuando Lance Wallnau escribió: «Es un universo que se activa con la voz», dijo algo que nunca se me había ocurrido. Al referirse a cómo la voz rompe barreras en nuestra vida, dijo que ciertas cosas no serán soltadas en nuestra vida a menos que abramos la boca y hablemos en voz alta, porque nuestra voz está conectada con nuestro espíritu.[6] Por eso la Biblia habla de clamar a Dios (Salmos 18:6; 77:1; 120:1; 141:1). Algunas cosas no suceden a menos que clamemos, levantemos la voz y gritemos. Es algo espiritual. No podemos estar en silencio todo el tiempo.

Hay momentos, por supuesto, para la quietud y la meditación. Gritar solo por gritar es molesto, injustificado y no tiene conexión con la unción. No hay nada peor que una persona que grita sin unción.

Sion es un lugar donde dar voces, un lugar de victoria, un lugar donde danzar, un lugar de celebración, un lugar de gozo, un lugar de gloria, un lugar de la presencia de Dios. Es un lugar de canto, de regocijo y de adoración porque la presencia de Dios mora allí. Cuando busco Sion siempre busco la presencia de Dios. Siempre busco las voces y la danza, el regocijo, la libertad y la gloria. Busco cantos. Busco lo profético. Busco victoria. Busco que los santos de Dios estén vestidos de salvación. No busco un edificio o personas sofisticadas. No busco personas que se vean religiosas. Estoy en búsqueda de escuchar un sonido.

BUSQUE ESCUCHAR EL SONIDO DE SION

Hay un sonido en Sion. Ese sonido es la voz del Señor escuchada y soltada desde en medio del pueblo de Dios. Sion es donde el pueblo de Dios se reúne, un pueblo celestial, un pueblo que lo adorará en espíritu y en verdad. Aquí es donde Dios hace su habitación entre los que reciben la plena revelación de Cristo, aquellos que buscan una ciudad cuyo fundamento es Dios (Hebreos 11:10). Estos son los creyentes de Sion, y cuando se reúnen en alabanza y adoración, se conectan con el cielo en la Tierra. No solo estamos aquí simplemente para cantar algunos cantos. Cuando profetizamos y levantamos la voz y sentimos la gloria de la unción de Dios venir, eso es el cielo. Eso es el cielo justo allí.

Algunas personas no caen en cuenta de lo que tienen a su

disposición. Quizá digan: «El mundo simplemente está demasiado lleno del infierno. Está tan mal. Es terrible. Hay matanzas y asesinatos». Pero usted puede tener el cielo en la Tierra. Puede vivir en ese ámbito donde toca lo celestial porque vive con una conciencia continua de que está en Cristo, posicionado en Dios. Cuando uno va a una iglesia de Sion está acostumbrado a lo celestial. Está acostumbrado a los sonidos y a las canciones el cielo, la gloria del cielo, la presencia del cielo, el poder y la unción del cielo, el Reino de los Cielos y las bendiciones del cielo. Está acostumbrado a eso. Usted toca el cielo. A pesar de que vive en la Tierra siempre toca el cielo porque usted es parte de un pueblo celestial.

Dios no nos llamó a ser personas terrenales religiosas que meramente lleven a cabo algunos rituales religiosos: «¡Om! ¡Om!».

Me encontraba en Uganda en los años de 1990. Me encontraba dormido en mi hotel cuando de pronto los altavoces sonaron con gran estruendo con un mensaje en árabe. Desperté sobresaltado y me pregunté: «Pero ¿qué es esto?». ¡Eran las 5 de la mañana! Llamé a recepción y dije: «¿Qué pasa aquí? No vine para ser despertado de un salto así a las 5:00 de la mañana. ¿Qué pasa?».

«Bueno—dijeron—, tenemos algunos huéspedes musulmanes y les dimos permiso de orar».

Reconozco que me sentí contrariado por ese llamado a la oración de los musulmanes que hizo un estruendo en mi habitación del hotel a las 5:00 de la mañana cuando trataba de dormir. No era un sonido agradable. Es religioso y no lleva ninguna presencia. Pero cuando uno está alrededor de Sion hay un sonido que activa el poder de Dios con nuevos cánticos y profecía. Esa es la atmósfera de Sion, y Dios ha deseado morar allí para siempre.

De generación en generación, siempre habrá un Sion. Siempre habrá un pueblo. Siempre habrá un grupo que conoce el sonido de júbilo porque saben cómo alabar y adorar e invitar la presencia de Dios. Siempre habrá un grupo de personas que no están preocupadas por la forma y la moda, sino que aman a Dios. Aman su presencia y su gloria. No se conforman con menos que Sion porque conocer que allí es donde está la bendición.

Dios dice: «Bendeciré abundantemente su provisión».

No sé usted, pero siempre estaré en Sion. Nunca me encontrará en una iglesia muerta, nunca. ¡La pasaré de largo y mejor me iré a un restaurante de comida rápida! Allí me estacionaré y pediré su mejor paquete. No, no me encontrará en una iglesia muerta, de huesos secos, sin gloria ni presencia. Esas son dos horas de mi vida que no recuperaré. Busco a Sion. No importa donde vaya, la encontraré. Buscaré y buscaré: «Sé que en alguna parte de esta ciudad hay un Sion. Quizá no sea la iglesia más grande, quizá no sea el mejor edificio, pero encontraré a la gente que conoce la gloria de Dios y que sabe cómo clamar, alabar, bendecir a Dios y regocijarse. Encontraré a esas personas».

No busco su color. Pueden ser negros, blancos, verdes, rojos o azules. No me importa. No busco el color o el nombre. Estoy en búsqueda de un sonido y de una unción. Busco poder y gloria. No importa su aspecto o cuál sea el nombre de su edificio. Pertenezco a Sion. Pertenezco al lugar de su gloria. Me rehúso a adorar falsos sacerdotes, ídolos y reinos que los hombres establecen.

He experimentado el cielo en la Tierra. He experimentado la gloria. Sé lo que es estar en la presencia de Dios. Conozco *shalom*, paz y gozo. Conozco la justicia y cómo se siente. Sé lo que es adorar en una iglesia de Sion. Estoy acostumbrado a eso y es donde me encontrará. Ahora bien, usted puede ir si gusta a Iglesia Seca, Centro Cristiano Hiedra Seca, Asambleas del Parque Jurásico o a Centro Cristiano Hueso Seco. Adelante. Yo no. No tengo tiempo para eso. Me encontrará en Sion, donde Dios hace su habitación. ¿Y usted?

ORACIÓN DE ACCIÓN DE GRACIAS POR SION

Señor, te agradezco por Sion. Es el lugar de tu morada. Es donde reposas para siempre. Es un lugar de gritos de júbilo, un lugar de gozo y un lugar de tu gloria. Siempre viviré y moraré en Sion. Gracias, Señor, por llamarme a Sion.

Capítulo 3

NACIDO DE SION

Mas la Jerusalén de arriba, la cual es
madre de todos nosotros, es libre.
—GÁLATAS 4:26

CUANDO SOMOS NACIDOS de nuevo en Cristo nos volvemos
hijos de la Sion celestial. Somos nacidos a la libertad del
nuevo pacto porque la Jerusalén celestial es nuestra madre. El
pastor Hedley Palmer lo dice de esa manera cuando habla de
Salmos 87:4:

> Dios dice: «Yo me acordaré de Rahab y de Babilonia entre
> los que me conocen; he aquí Filistea y Tiro, con Etiopía; este
> nació allá». Ser nacido en los lugares mencionados no era
> ningún honor para Dios. Pero la mayoría de nosotros nos
> deleitamos en el lugar donde nacimos. Lo que realmente
> cuenta para Dios es el lugar donde usted nació de nuevo.
> Cada ciudad de la Tierra es una ciudad «mala» en compara-
> ción con la ciudad de Dios. «Y de Sion se dirá: Este y aquél
> han nacido en ella». Este es un hebraísmo encantador. «Este
> y aquél han nacido en ella», significa literalmente: un hombre
> un hombre nació allí. Esta es una expresión que solo los he-
> breos usan. La idea detrás de la frase es un hombre quien
> en realidad era un hombre nacido allí. ¿Nacido en Egipto?
> ¿Nacido en Babilonia? ¿Nacido en Tiro? Qué importa. Pero
> de Sion se decía: «Este nació allí». Los nacidos allí eran los
> hombres de Dios. Mi más grande gozo es poder decir que yo
> nací de nuevo en el monte Sion, la ciudad de nuestro Dios.[1]

En el libro de Isaías, leemos: «¿Quién oyó cosa semejante? ¿quién vio tal cosa? ¿Concebirá la tierra en un día? ¿Nacerá una nación de una vez? Pues en cuanto Sion estuvo de parto, dio a luz sus hijos» (Isaías 66:8). Sion dio a luz sus hijos tan pronto estuvo de labores de parto y una nación nació en un día. La iglesia también nació rápidamente en Pentecostés después de que el Espíritu Santo cayó sobre los creyentes en un aposento alto y tres mil fueron añadidos a sus filas a través de un solo sermón (vea Hechos 2). Los que son nacidos de Dios son hijos de Sion. Son nuevas criaturas en Él y tienen las características y el ADN espiritual de Sion.

Quiero aclarar que para recibir todos los beneficios y bendiciones que tenemos y los cuales continuaremos desvelando en este libro, usted debe haber nacido de nuevo en Sion (Juan 3). Debe haber nacido de lo alto. Debe haber nacido del agua y del Espíritu. Ningún otro nacimiento se compara al nacimiento espiritual que sucede en Sion. Su nacimiento natural no le da acceso a la ciudad de Dios. El nacimiento espiritual es el único nacimiento que importa en el Reino.

De nuevo, el salmista escribió:

> Yo me acordaré de Rahab y de Babilonia entre los que me conocen; he aquí Filistea y Tiro, con Etiopía; este nació allá. Y de Sion se dirá: Este y aquél han nacido en ella, y el Altísimo mismo la establecerá.
>
> —SALMOS 87:4–5

Dios registra y cuenta como sus ciudadanos a las personas nacidas en Sion, aquellos quienes son nuevas criaturas en Cristo y que han sido renacidos, no de simiente corruptible, sino de incorruptible, por la palabra de Dios (1 Pedro 1:23). Los hijos de Sion han sido creados por Dios y se gozan en su Rey (vea Salmos 149:2).

El profeta Isaías escribió que los hijos del Señor eran «por señales y presagios en Israel, de parte de Jehová de los ejércitos, que mora en el monte de Sion» (Isaías 8:18). Asimismo, los hijos de

Sion son por señales y presagios. Usted es Sion. Eso significa que usted es una señal. Usted es un presagio, y su vida hablará.

Como Sion, también podemos esperar que la bendición caiga sobre nuestra tierra porque a los hijos de Sion se les dice que se regocijen por la lluvia, la cual representa las bendiciones del cielo.

Vosotros también, hijos de Sion, alegraos y gozaos en Jehová vuestro Dios; porque os ha dado la primera lluvia a su tiempo, y hará descender sobre vosotros lluvia temprana y tardía como al principio.

—JOEL 2:23

Y traerán a todos vuestros hermanos de entre todas las naciones, por ofrenda a Jehová, en caballos, en carros, en literas, en mulos y en camellos, a mi santo monte de Jerusalén, dice Jehová, al modo que los hijos de Israel traen la ofrenda en utensilios limpios a la casa de Jehová.

—ISAÍAS 66:20

SOMOS NUEVAS CRIATURAS

La Biblia dice: «De modo que si alguno está en Cristo, nueva criatura es» (2 Corintios 5:17). Si está en Cristo, es una nueva persona, llamada a servir a Dios en la novedad del Espíritu. Dios siempre hace una cosa nueva en Sion (Isaías 42:9; 43:19; 48:6). Sion está llena de cánticos nuevos y está de continuo experimentando nuevos movimientos de Dios.

Las nuevas criaturas tienen corazones y espíritus nuevos (Ezequiel 36:26), y como nuevas criaturas en Cristo estamos bajo un nuevo pacto. La Sion celestial es la nueva ciudad de pacto. La gente de Sion disfruta el vino nuevo porque Sion es el odre nuevo. El vino nuevo no puede ser puesto en odres viejos (Mateo 9:17). No obstante, disfrutamos el vino nuevo porque estamos bajo el nuevo pacto.

El profeta Joel declaró:

Sucederá en aquel tiempo, que los montes destilarán mosto, y los collados fluirán leche, y por todos los arroyos de Judá correrán aguas; y saldrá una fuente de la casa de Jehová, y regará el valle de Sitim.

—Joel 3:18

Vino, leche, aguas y una fuente son las marcas del Reino. Sion disfruta este vino, esta leche, estas aguas y esta fuente. Estas cosas fluyen de la casa del Señor. Nuestros lagares «rebosarán de mosto» (Proverbios 3:10). El vino nuevo siempre ha sido un símbolo de bendición, nueva cosecha, prosperidad y gozo. Usted es Sion y como tal es un creyente de vino nuevo.

EL GOBIERNO Y REINADO DE CRISTO EN SION

Y otra vez dice Isaías: Estará la raíz de Isaí, y el que se levantará a regir los gentiles; los gentiles esperarán en él.

—Romanos 15:12

La Sion terrenal era la ciudad de David, el rey de Israel, a quien Dios escogió y ungió. Jesús, el Rey, es un descendiente de David y como tal es de la raíz de Isaí porque Isaí fue el padre de David.

Isaías profetizó que «saldrá una vara del tronco de Isaí, y un vástago retoñará de sus raíces» (Isaías 11:1). Miqueas más tarde profetizó que el Señor reinaría sobre el pueblo en el monte de Sion, y declaró que gobernaría sobre una nación fuerte.

Y pondré a la coja como remanente, y a la descarriada como nación robusta; y Jehová reinará sobre ellos en el monte de Sion desde ahora y para siempre.

—Miqueas 4:7

Los que moran en Sion se someten a la autoridad del Rey porque Sion es el lugar del gobierno y reinado de Dios. Los profetas esperaban el reinado del Mesías, el cual traería salvación, paz y prosperidad a las naciones.

La Reina-Valera solo utiliza la palabra Mesías dos veces en el Antiguo Testamento, ambas en el libro de Daniel (Daniel 9:25–26).[2] 'Mesías' significa 'el ungido'.[3] Jesús fue ungido (untado con aceite), y en Daniel 9:25 es llamado «el Mesías Príncipe» (v. 25). El profeta

Ezequiel declaró que David sería príncipe de ellos para siempre (Ezequiel 37:25). Sin embargo, esta es una referencia a Jesús, el David mesiánico. Jesús es ungido para reinar para siempre, así como David fue ungido para gobernar sobre Israel.

> Reinará Jehová para siempre; tu Dios, oh Sion, de generación en generación. Aleluya.
>
> —Salmos 146:10

Jesús predicó las buenas nuevas del Reino, y los discípulos fueron enviados a predicar el mismo mensaje. Proclamaron que había llegado el Reino, lo cual ya era evidente porque echaban fuera demonios (Mateo 12:28).

Jesús declaró que el Reino había llegado, pero también dijo que vendría sin advertencia (Lucas 17:20). Esto es porque del Reino del que hablaba era un Reino espiritual. Muchos no podían verlo porque era espiritual y no terrenal o carnal. El Reino era un misterio desconocido incluso para los líderes religiosos.

He escuchado muchas definiciones del Reino, pero lo defino como el gobierno y reinado de Cristo en el corazón de la persona por medio del Espíritu Santo. La gente del Reino anda en el Espíritu; está llena del Espíritu y es dirigida por el Espíritu. Esto es lo que se requiere para permanecer en el Reino.

Cuando el Rey Jesús entro a Sion, la ciudad le dio la bienvenida. Una multitud extendió sus mantos a su paso mientras que otros cortaron ramas y las extendieron en el camino (Mateo 21:8). A medida que Jesús avanzaba hacia Jerusalén, ellos clamaban: «¡Hosanna al Hijo de David! ¡Bendito el que viene en el nombre del Señor!» (Mateo 21:9).

Esto fue predicho por el profeta Zacarías:

> Decid a la hija de Sion: He aquí, tu Rey viene a ti, manso, y sentado sobre una asna, sobre un pollino, hijo de animal de carga.
>
> —Mateo 21:5

Los hijos de Sion reconocieron al Rey, y clamaron: «Hosanna». Dios perfeccionó la alabanza de la boca de los niños y de los que maman (Salmos 8:2). Pero los fariseos, quienes querían mantener lo antiguo, estaban molestos y rechazaron al Rey. El Rey vino a Sion porque es la ciudad del Rey, el lugar desde el que gobierna. El Rey se sienta en el trono de Sion.

Porque usted es Sion, está bajo el gobierno y el reinado de Cristo. Su vida está sujeta al control del Espíritu Santo, el cual lo hace experimentar paz (*shalom*), bendición, favor y protección.

VIVIR BAJO LA PAZ Y LA PROSPERIDAD DE DIOS

> Y se dispondrá el trono en misericordia; y sobre él se sentará firmemente, en el tabernáculo de David, quien juzgue y busque el juicio, y apresure la justicia.
>
> —ISAÍAS 16:5

El tabernáculo de David es sinónimo del Reino. El tabernáculo de David es su casa y linaje, y Dios le prometió a David que su simiente se sentaría en su trono (Salmos 132:11). Jesús es el hijo de David, y ahora se sienta en el trono de David (Hechos 2:30).

David era un tipo de Cristo, y su reino era un tipo del Reino de Cristo. Espiritualmente, Sion, la ciudad de David, se convirtió en la ciudad de Dios. Salomón también es un tipo de Cristo. El reino de Salomón era un reino de paz (*shalom*), y los que vivieron bajo el reino de Salomón vivieron durante un tiempo de paz y prosperidad. Asimismo, los que vienen a la Sion celestial vienen bajo el reinado de paz y prosperidad de Cristo.

El gobierno de paz de Cristo fue hablado por el profeta Isaías.

> Lo dilatado de su imperio y la paz no tendrán límite, sobre el trono de David y sobre su reino, disponiéndolo y confirmándolo en juicio y en justicia desde ahora y para siempre. El celo de Jehová de los ejércitos hará esto.
>
> —ISAÍAS 9:7

La profecía de Isaías conecta el gobierno de Cristo con el trono de David. El imperio de Cristo es su gobierno y su reinado. La paz (shalom) incrementa a medida que su imperio incrementa. El Reino incluye justicia (rectitud), y avanza e incrementa de generación en generación.

Dios está comprometido con ver a Sion expandirse e incrementar de generación en generación, y el celo- del Señor hará esto. Usted es Sion, y está incrementando y en expansión. Al hacerlo, tendrá paz (*shalom*).

VIVIR BAJO EL REINADO DE DIOS

Salmos 2 es un salmo mesiánico que describe la oposición a Cristo y su establecimiento en el trono.

> ¿Por qué se amotinan las gentes, y los pueblos piensan cosas vanas? Se levantarán los reyes de la tierra, y príncipes consultarán unidos contra Jehová y contra su ungido, diciendo: Rompamos sus ligaduras, y echemos de nosotros sus cuerdas.
>
> —SALMOS 2:1–3

Esto fue citado por la iglesia primitiva en Hechos 4:25–27. Herodes, Poncio Pilato, los gentiles y el pueblo de Israel estaban reunidos en contra de Cristo. Se imaginaban una cosa vana al pensar que podrían evitar que Cristo y su Reino viniera.

> El que mora en los cielos se reirá; el Señor se burlará de ellos. Luego hablará a ellos en su furor, y los turbará con su ira.
>
> —SALMOS 2:4–5

Los hombres malvados no pudieron detener el plan del Señor, y Él trataría con ellos en su ira, al pasar de burla a furor.

Al final, el Rey fue establecido en el monte santo de Sion. Salmos 2:6 dice: «Pero yo he puesto mi rey sobre Sion, mi santo monte». La versión en inglés The Message lo dice así: «¿No saben que hay un Rey en Sion? Se ha desplegado un banquete de coronación para Él en la santa cumbre».

Los hombres no pudieron detener su entronización. Su sufrimiento y su muerte fueron el plan de Dios para que ascendiera al trono.

El salmista continuó para decir:

> Yo publicaré el decreto; Jehová me ha dicho: Mi hijo eres tú; yo te engendré hoy. Pídeme, y te daré por herencia las naciones, y como posesión tuya los confines de la tierra. Los quebrantarás con vara de hierro; como vasija de alfarero los desmenuzarás.
>
> —Salmos 2:7–9

Jesús fue engendrado el día de su resurrección. Hechos 13:33 dice: «La cual Dios ha cumplido a los hijos de ellos, a nosotros, resucitando a Jesús; como está escrito también en el salmo segundo: Mi hijo eres tú, yo te he engendrado hoy».

El Padre le dio por herencia las naciones y Jesús, el Rey, ahora juzga sobre los que se rehúsan someterse a Él. Los desmenuza como a una vasija de alfarero. Por eso debemos someternos al Señor.

> Ahora, pues, oh reyes, sed prudentes; admitid amonestación, jueces de la tierra. Servid a Jehová con temor, y alegraos con temblor. Honrad al Hijo, para que no se enoje, y perezcáis en el camino; pues se inflama de pronto su ira. Bienaventurados todos los que en él confían.
>
> —Salmos 2:10–12

El salmista aclara que sería sabio servir al Señor con temor y alegrarse con temblor. Se les dice a los jueces de la Tierra que honren al Hijo. Los que pongan su confianza en el Señor serán bienaventurados.

Después de su promesa, Isaías describe un día de juicio:

> La luna se avergonzará, y el sol se confundirá, cuando Jehová de los ejércitos reine en el monte de Sion y en Jerusalén, y delante de sus ancianos sea glorioso.
>
> —Isaías 24:23

En este punto, la Jerusalén terrenal fue juzgada, y Jesús lloró sobre la ciudad porque vio la desolación que vendría. El Discurso del Monte de los Olivos que se encuentra en Mateo 24 dio los detalles del juicio que venía.

Isaías dijo que el Señor de los ejércitos reinaría en Sion y que Dios establecería su gobierno por medio del juicio. Dios juzgaría la rebelión y la apostasía de la nación para establecer a Sion en justicia.

Esto es lo que Jesús vino a hacer. Vino a establecer el Reino de Dios. Vino a establecer la justicia de Dios y a gobernar y reinar sobre su pueblo. Usted es ese pueblo porque usted es Sion. Ha sido establecido por Cristo y es la justicia de Dios en Cristo.

En Apocalipsis, Juan escribió haber escuchado «la voz de una gran multitud, como el estruendo de muchas aguas, y como la voz de grandes truenos, que decía: ¡Aleluya, porque el Señor nuestro Dios Todopoderoso reina!» (Apocalipsis 19:6). Nosotros somos los que clamamos aleluya, el Señor Dios omnipotente reina. 'Aleluya' significa 'alabanza a Yah (Jah)'. Jesús es Jah como dice Salmos 68:4: «Cantad a Dios, cantad salmos a su nombre; exaltad al que cabalga sobre los cielos. JAH es su nombre; alegraos delante de él». Lo alabamos en Sion porque Él reina.

No hay mejor lugar donde vivir que bajo el reinado de Dios. Somos la habitación de Dios y residimos bajo su seguridad y protección en una tierra libre de bestias salvajes (Ezequiel 34:25). Somos la ciudad fuerte de Sion y moramos en un lugar de reposo.

Salmos 72, escrito por Salomón es al mismo tiempo una imagen de su reino y una profecía con respecto a Cristo y su Reino. El Rey «descenderá como la lluvia sobre la hierba cortada; como el rocío que destila sobre la tierra. Florecerá en sus días justicia, y muchedumbre de paz, hasta que no haya luna [...] Todos los reyes se postrarán delante de él; todas las naciones le servirán. Porque él librará al menesteroso que clamare, y al afligido que no tuviere quien le socorra [...] Bendito su nombre glorioso para siempre, y toda la tierra sea llena de su gloria. Amén y amén» (vv. 6–7, 11–12, 19).

Esta es una imagen del Rey que reine en Sion. ¿Será alguna maravilla que la multitud clame: «¡Aleluya, porque el Señor nuestro Dios Todopoderoso reina!»?

Vivir bajo la justicia de Dios

Mas del Hijo dice: Tu trono, oh Dios, por el siglo del siglo; cetro de equidad es el cetro de tu reino.

—Hebreos 1:8

Un cetro es una vara ornamentada que los gobernantes llevan como símbolo de soberanía.[4] El cetro del hijo es equidad (justicia). Sion es el lugar del cetro, un lugar de equidad y justicia. Salmos 89:14 dice que la justicia es el cimiento o la habitación del trono de Dios. No hay equidad aparte de la justicia.

Dios es justo y su Reino es un reino de justicia. Vivir bajo el dominio de Dios es vivir bajo la justicia de Dios. Jeremías 31:23 dice: «Así ha dicho Jehová de los ejércitos, Dios de Israel: Aún dirán esta palabra en la tierra de Judá y en sus ciudades, cuando yo haga volver sus cautivos: Jehová te bendiga, oh morada de justicia, oh monte santo». Observe que el monte santo también es morada de justicia. Los creyentes de Sion creen en la justicia y odian la injusticia. Usted es Sion, y eso significa que es justo.

La gente no afligirá ni destruirá en todo su santo monte (Isaías 65:25). En otras palabras, no hay injusticia en el monte santo. El injusto no puede morar en Sion (Apocalipsis 22:11). La justicia es lo que la gente desea, y solo se puede encontrar en Sion: el lugar de equidad y justicia. Con tanta injusticia en el mundo, necesitamos a Sion. Necesitamos un gobernante recto y justo. Jesús es ese gobernante justo. Jeremías 23:5 dice: «He aquí que vienen días, dice Jehová, en que levantaré a David renuevo justo, y reinará como Rey, el cual será dichoso, y hará juicio y justicia en la tierra».

Jesús reina en Sion. Jesús gobierna y reina sobre su pueblo en justicia y equidad. Su gobierno es justo y equitativo, así que podemos confiar en su dominio. Qué honor es vivir en Sion, donde nunca necesitamos temer la injusticia. Qué honor es ser Sion y vivir bajo el gobierno del Rey.

Jehová reina; se vistió de magnificencia; Jehová se vistió, se ciñó de poder. Afirmó también el mundo, y no se moverá.

—SALMOS 93:1

LLAMADO POR EL NOMBRE DE DIOS

Dios escogió poner su nombre en Jerusalén (Sion). Sion es el lugar de Dios, y su nombre es conocido allí. No tenemos los nombres de los dioses falsos en nuestros labios (Salmos 16:4). Los creyentes de Sion son llamados del nombre de Dios, y glorificamos su nombre en Sion (2 Tesalonicenses 1:12). Somos suyos, y Él nos ha dado su nombre para que lo blandamos y lo llevemos.

Venimos a Sion para buscar su habitación.

Sino que el lugar que Jehová vuestro Dios escogiere de entre todas vuestras tribus, para poner allí su nombre para su habitación, ése buscaréis, y allá iréis.

—DEUTERONOMIO 12:5

El nombre de Dios está en su habitación. Nos reunimos en el nombre de Jesús (Mateo 18:20). Invocamos el nombre del Señor Jesucristo (1 Corintios 1:2). Echamos fuera demonios en su nombre (Marcos 16:17). El nombre de Jesús es sobre todo nombre (Filipenses 2:9).

Los nombres de Dios revelan su carácter. El nombre de Dios es grande en Sion. Alabamos su «nombre grande y temible» (Salmos 99:3). Dios prometió santificar su nombre, el cual ha sido blasfemado a través de la desobediencia de Israel (Ezequiel 36:23). Porque desde el amanecer hasta el anochecer es grande el nombre de Dios entre las naciones (Malaquías 1:11). El nombre de Dios «es temible entre las naciones» (Malaquías 1:14).

Le damos al Señor la gloria debida a su nombre (Salmos 29:2). El nombre del Señor es publicado en Sion (Salmos 102:21). Alabamos su nombre (Salmos 122:4). Exaltamos el nombre del Señor (Salmos 34:3). Nos alegramos en su nombre (Salmos 89:16).

Me encanta cantar acerca de los nombres de Dios. Cantamos acerca de El Shaddai, El Elyon, Jehová, Jehová-jireh, Jehová-rafa, Jehová-nisi, Jehová-shalom, Jehová-sama, Dios todopoderoso, Dios fuerte, Padre eterno, Príncipe de paz, Admirable, Señor de los ejércitos, Consejero, el Altísimo, Yo soy, Palabra de Dios, Alfa y Omega, el Santo, el León de la tribu de Judá.

Dios se revela a nosotros a través de sus nombres. Su nombre revela su carácter, naturaleza y poder. El nombre de Dios es conocido y escuchado en Sion. Los creyentes de Sion y las iglesias de Sion aman los nombres de Dios.

Traemos ofrendas a Sion. Dar es una parte importante del estilo de vida de un creyente de Sion. Es una manera en que honramos al Señor. Los creyentes de Sion son dadores. Usted es Sion. Usted es un dador.

> Y al lugar que Jehová vuestro Dios escogiere para poner en él su nombre, allí llevaréis todas las cosas que yo os mando: vuestros holocaustos, vuestros sacrificios, vuestros diezmos, las ofrendas elevadas de vuestras manos, y todo lo escogido de los votos que hubiereis prometido a Jehová.
> —Deuteronomio 12:11

Naciones fuertes vienen a Él y le traen ofrendas. Las naciones traen sus fuerzas (chayil) a Sion. Traemos ofrendas y venimos a sus atrios (Salmos 96:8).

> En aquel tiempo será traída ofrenda a Jehová de los ejércitos, del pueblo de elevada estatura y tez brillante, del pueblo temible desde su principio y después, gente fuerte y conquistadora, cuya tierra es surcada por ríos, al lugar del nombre de Jehová de los ejércitos, al monte de Sion.
> —Isaías 18:7

Salmos 76:11 dice: «Prometed, y pagad a Jehová vuestro Dios; todos los que están alrededor de él, traigan ofrendas al Temible».

La Traducción en Lenguaje Actual dice: «Cumplámosle a nuestro Dios todas nuestras promesas; y ustedes, naciones vecinas, tráiganle ofrendas al Dios admirable». Salmos 68:29 dice: «Por razón de tu templo en Jerusalén los reyes te ofrecerán dones». Dios hace memoria de nuestras ofrendas (Salmos 20:3). Las ofrendas se traen al santo monte (Isaías 66:20).

BIENVENIDO A LA MESA DEL SEÑOR

Sion es un lugar de fiesta. Una fiesta es un banquete. Hacemos fiesta delante del Señor. «El de corazón contento tiene un banquete continuo» (Proverbios 15:15). Isaías 25:6 dice: «Y Jehová de los ejércitos hará en este monte a todos los pueblos banquete de manjares suculentos, banquete de vinos refinados, de gruesos tuétanos y de vinos purificados».

Si estuviere lejos de ti el lugar que Jehová tu Dios escogiere para poner allí su nombre, podrás matar de tus vacas y de tus ovejas que Jehová te hubiere dado, como te he mandado yo, y comerás en tus puertas según todo lo que desearas.

—DEUTERONOMIO 12:21

Comemos y adoramos delante del Señor en Sion. Salmos 22:29 dice: «Comerán y adorarán todos los poderosos de la tierra; se postrarán delante de él todos los que descienden al polvo, aun el que no puede conservar la vida a su propia alma». A Israel se le mandó comer y regocijarse delante del Señor (Deuteronomio 12:7, 18). Debían comer en el lugar donde el Señor escogió poner su nombre. Debían comer delante del Señor año con año (Deuteronomio 15:20).

Y comerás delante de Jehová tu Dios en el lugar que él escogiere para poner allí su nombre, el diezmo de tu grano, de tu vino y de tu aceite, y las primicias de tus manadas y de tus ganados, para que aprendas a temer a Jehová tu Dios todos los días.

—DEUTERONOMIO 14:23

El nombre del Señor es publicado en Sion. Su nombre trae sanidad y liberación. Lo que pidamos en ese nombre nos es concedido (Juan 15:16). Recibimos de Dios en ese nombre, y nuestro gozo es cumplido (Juan 16:24).

> Para que publique en Sion el nombre de Jehová, y su alabanza en Jerusalén.
>
> —SALMOS 102:21

Sion es el lugar donde la gente invoca el nombre del Señor. Los que invocan su nombre son salvos y liberados. No hay salvación aparte del nombre de Jesús. Y en ningún otro hay salvación; porque no hay otro nombre bajo el cielo, dado a los hombres, en que podamos ser salvos (Hechos 4:12).

> Y todo aquel que invocare el nombre de Jehová será salvo; porque en el monte de Sion y en Jerusalén habrá salvación, como ha dicho Jehová, y entre el remanente al cual él habrá llamado.
>
> —JOEL 2:32

EL SEÑOR CANTA SOBRE USTED

Hemos escuchado la enseñanza de disfrutar a Dios, pero ¿sabía que Dios nos disfruta?

> Jehová ha apartado tus juicios, ha echado fuera tus enemigos; Jehová es Rey de Israel en medio de ti; nunca más verás el mal. En aquel tiempo se dirá a Jerusalén: No temas; Sion, no se debiliten tus manos. Jehová está en medio de ti, poderoso, él salvará; se gozará sobre ti con alegría, callará de amor, se regocijará sobre ti con cánticos.
>
> —SOFONÍAS 3:15–17

Sion es libre. El mal no puede gobernar sobre Sion. El Señor ha echado fuera al enemigo. El Señor en medio de nosotros es poderoso. No tema. Que no se debiliten su manos. Esta es la palabra del Señor sobre Sion.

«Jehová está en medio de ti, poderoso» (Sofonías 3:17) se dice dos veces. Salvará y lo librará con su poder. Se regocijará sobre usted con cánticos.

Me encanta cuando el Señor canta sobre nosotros. Yo llamo a esto el cántico del Señor. Hay un cántico para el Señor y un cántico del Señor. Dios disfruta a su pueblo. Dios tiene contentamiento en su pueblo (Salmos 149:4). Dios no está enojado con usted; Dios se regocija sobre usted.

Usted es Sion, el lugar del deleite de Dios. Sion es el gozo de Dios; usted es el gozo de Dios. Permita que esa realidad le dé forma a su identidad. Dios se deleita en *usted*.

Dios disfruta a su pueblo. Dios canta sobre nosotros. Usted es Sion. Dios se regocija sobre usted.

Dios se regocija sobre Sion como un novio se regocija por su novia. Usted fue creado para traerle a Dios placer y gozo. Sion es como una novia ataviada para su marido (Apocalipsis 21:2).

> Pues como el joven se desposa con la virgen, se desposarán contigo tus hijos; y como el gozo del esposo con la esposa, así se gozará contigo el Dios tuyo.
>
> —Isaías 62:5

El motivo del matrimonio está conectado con que Dios vuelva a casarse con Israel. Esta es una imagen del nuevo pacto. Dios ha prometido desposar a Israel en justicia y fidelidad (Oseas 2:19–20; Isaías 54:5). Dios ahora tiene un nuevo pacto con su pueblo. Este nuevo pacto incluye a los gentiles.

La libertad y la gracia son suyas

La carta a los Hebreos enfatiza la superioridad del nuevo pacto sobre el antiguo. Jesús es mayor que Moisés. Melquisedec es mayor que Leví. La gracia es mayor que la Ley.

Hebreos también compara dos montes. Sion (el nuevo) es mayor que el Sinaí (el antiguo).

> Porque no os habéis acercado al monte que se podía palpar, y que ardía en fuego, a la oscuridad, a las tinieblas y a la

tempestad [...] sino que os habéis acercado al monte de Sion, a la ciudad del Dios vivo, Jerusalén la celestial, a la compañía de muchos millares de ángeles, a la congregación de los primogénitos que están inscritos en los cielos, a Dios el Juez de todos, a los espíritus de los justos hechos perfectos.

—Hebreos 12:18, 22–23

El monte Sinaí representa la ley con sus juicios. Sinaí es llamado Agar (Gálatas 4:25). Agar era una esclava. Jerusalén se había vuelto Agar (v. 25) quien representa cautiverio. La ley se había convertido en un yugo. Isaac era el hijo de una mujer libre. Isaac era el hijo de la promesa. Isaac representa libertad.

Los creyentes hebreos habían dejado el antiguo pacto y habían venido al nuevo, al monte Sion, la Jerusalén celestial, la congregación de los primogénitos. Habían dejado el cautiverio y entrado a la libertad. Sion y sus hijos estaban ahora siendo dados a luz (Gálatas 4:27). Los hijos de Sion nacen libres. Los hijos de Sion nacen del Espíritu y no de la carne.

El antiguo pacto había sido dado por viejo y estaba por desaparecer (Hebreos 8:13). El Reino de Dios estaba llegando (Hebreos 12:28). Las naciones estaban entrando al Reino. El antiguo pacto estaba resistiendo al nuevo. Algunos de los seguidores de Cristo se volvían al antiguo a causa de la persecución. Hebreos es una advertencia para no volver. La libertad es nuestro Sion.

Plantados en el monte de Dios

Tú los introducirás y los plantarás en el monte de tu heredad, en el lugar de tu morada, que tú has preparado, oh Jehová, en el santuario que tus manos, oh Jehová, han afirmado. Jehová reinará eternamente y para siempre.

—Éxodo 15:17–18

Sion también era el monte de Dios, la colina santa de Dios. Siempre fue el propósito de Dios traer a su pueblo a este monte, su santuario. El santuario era el lugar de su poder y gloria. El pasaje de

Éxodo también es la primera vez en la Escritura que se menciona el reinado eterno de Dios. Esto conecta el monte con el Reino, el lugar del gobierno y reinado de Dios. Un monte es la imagen de un reino. Es una imagen de poder y fuerza. Jesús hiere los reinos y se convierte en un gran monte (Daniel 2:35). Sion es un gran monte. Sion es el lugar de poder y dominio. El monte Sion no puede ser removido. El Reino de Dios es un reino inconmovible (Hebreos 12:28). Sion permanece firme y fuerte de generación en generación. Los reinos se levantan y caen, pero el Reino de Dios es para siempre.

David dijo que Dios lo había afirmado como un monte fuerte (Salmos 30:7). Lo cual lo atribuyó al favor y la gracia de Dios. Su monte también era un símbolo de prosperidad. Dios lo afirmará como monte fuerte. Usted es Sion, el lugar donde Dios habita.

> Yo los llevaré a mi santo monte, y los recrearé en mi casa de oración; sus holocaustos y sus sacrificios serán aceptos sobre mi altar; porque mi casa será llamada casa de oración para todos los pueblos.
>
> —Isaías 56:7

Dios también nos trae a Sion. Nos recrea en su casa de oración. La oración alegre es otro aspecto de Sion. Usted es Sion. Usted es una casa de oración. Las iglesias de Sion son iglesias que oran, y los creyentes de Sion son creyentes que oran.

Las oraciones de David terminaron después de que oró porque toda la Tierra fuera llena de la gloria de Dios (Salmos 72:19–20). Sion ora porque la gloria de Dios cubra la Tierra. Habacuc profetizó que «la tierra será llena del conocimiento de la gloria de Jehová, como las aguas cubren el mar» (Habacuc 2:14).

Sion consiste en gente de todos los pueblos y naciones. Sion no tiene fronteras geográficas o étnicas. El muro de separación entre judío y gentil ha sido derribado. Todas las naciones vienen a Sion, el monte de Dios.

Acontecerá en lo postrero de los tiempos, que será confirmado el monte de la casa de Jehová como cabeza de los montes, y será exaltado sobre los collados, y correrán a él todas las naciones.

—Isaías 2:2

Este monte fue establecido en los últimos días. Este monte de la casa del Señor fue establecido sobre la cima de los montes. Todas las naciones vienen a orar, adorar y ofrecer sacrificio. Usted es Sion. Usted ora, adora y sacrifica en el monte más alto, el Reino de Dios. Este monte es exaltado sobre todos los montes.

Sion es el lugar más alto. 'Monte' significa «la cabeza, lo que se levanta sobre el resto».[5] Estar en Cristo es la posición más alta. Esta es su identidad en Cristo. Este es quién es usted. Este es el lugar de promoción y exaltación. Usted no vive en un lugar bajo. Usted es Sion.

Ascendemos a Sion. El puro de corazón y el limpio de manos subirá (Salmos 24:3–5). Recibimos la bendición del Señor. Sion es el monte santo de Dios. Las personas de Sion son gente santa. En tiempos antiguos los hebreos cantaban los 'cánticos graduales' a medida que subían a la Sion física.

Preguntarán por el camino de Sion, hacia donde volverán sus rostros, diciendo: Venid, y juntémonos a Jehová con pacto eterno que jamás se ponga en olvido.

—Jeremías 50:5

Las personas buscan el camino a la Sion celestial y unirse al Señor en un pacto. Están buscando e inquiriendo. La gente busca el lugar de gloria, bendición, favor, poder y presencia de Dios.

Las personas vienen a Sion a aprender los caminos de Dios y como andar en sus caminos (Miqueas 4:2). Vienen a aprender la Palabra de Dios. Sion es un lugar de enseñanza e instrucción. Los creyentes de Sion aman la Palabra de Dios. Sion ama la enseñanza y la instrucción y el conocimiento.

Las personas acudirán a usted para aprender los caminos de

Dios. Vendrán a usted por instrucción. Usted es Sion. Usted tiene la Palabra del Señor. Jesús, el maestro, vive en usted. Sion tiene el conocimiento de la gloria. El ámbito de la gloria es conocido en Sion. Este es el ámbito de majestad, resplandor, esplendor y luz. Naciones vendrán a usted a causa de su luz, y reyes vendrán a usted a causa del resplandor de su gloria sobre usted (Isaías 60:3). Trataré de manera extensa con este ámbito en este libro y hablaré a profundidad de la gloria de Sion.

Capítulo 4

EL RÍO DE DIOS

Del río sus corrientes alegran la ciudad de Dios,
el santuario de las moradas del Altísimo.
—SALMOS 46:4

COMO PARTE DE descubrir la revelación de Sion, otro de mis temas favoritos en las Escrituras es el río de Dios. Las ciudades se suelen construir cerca de ríos y cuerpos grandes de agua. Esto es porque la gente necesita agua para sostener la vida. Sion tiene un río que trae y sustenta la vida. Es una fuente de vida. El río de Dios es una imagen y un tipo del Espíritu Santo, lo cual trae nueva vida a los corazones y almas de cada creyente. Y así como el Espíritu Santo fluye en nuestra vida, también fluye entre nuestras asambleas cuando nos reunimos a adorar.

El río que corre a través de la santa ciudad de Dios es un símbolo del Espíritu de Dios que fluye a través del corazón de cada creyente donde reside. Como estamos descubriendo que somos Sion, el mismo asiento del Espíritu de Dios, podemos entender que el río de Dios fluye a través de nosotros.

En Ezequiel 47 y Apocalipsis 22, los profetas Ezequiel y Juan, respectivamente, vieron el río en una visión. Juan vio el río que fluye desde el trono. Esto conecta al río con el Reino. Hay un río en Sion.

Jesús habla de los ríos de agua viva que fluirían del creyente. Este río es una fuente de vida y refrigerio. Hay un río de sanidad, un río de milagros, un río de liberación, un río de profecía y un río de alabanza y adoración.

El que cree en mí, como dice la Escritura, de su interior
correrán ríos de agua viva.

—JUAN 7:38

El interior es el ser interno, el espíritu. Este es un río espiritual.
El río trae bendición y produce vida dondequiera que va (Ezequiel
47:9). Las iglesias de Sion son iglesia de río. Usted es Sion. El Espíritu Santo fluye de usted a medida que habla, ora y ministra.
Zacarías profetizó que aguas vivas fluirían de Jerusalén (Sion).
Sion suelta agua viva a las naciones. Esta agua trae sanidad.

Acontecerá también en aquel día, que saldrán de Jerusalén
aguas vivas, la mitad de ellas hacia el mar oriental, y la otra
mitad hacia el mar occidental, en verano y en invierno.

—ZACARÍAS 14:8

Jerusalén puede ser una imagen del corazón, del espíritu, del interior o de las entrañas. Como dice el pastor e investigador de la
Biblia, Todd Dennis: «La totalidad de la Biblia abunda con referencias de Jerusalén que deben tomarse claramente—para los que
están dispuestos a verlas—en un sentido personal con respecto
a la presencia del Señor y el crecimiento del Reino dentro de su
pueblo».[1]

Del río sus corrientes alegran la ciudad de Dios. Usted es la
ciudad de Dios La alegría viene a usted a partir de este río. Servimos al Señor con alegría (Salmos 100:2). Las hijas se alegran en
Sion (Salmos 48:11).

¿El río fluye en usted? ¿La profecía fluye en usted? ¿Hay un fluir
de cánticos nuevos de su boca? ¿Los dones del Espíritu fluyen a
partir de usted? Esto debería ser normal si usted es Sion.

SANIDAD Y RESTAURACIÓN

Y toda alma viviente que nadare por dondequiera que entraren estos dos ríos, vivirá; y habrá muchísimos peces por haber entrado allá estas aguas, y recibirán sanidad; y vivirá todo lo que entrare en este río.

—Ezequiel 47:9

El río de Dios trae sanidad y restauración. Todo lo que el río toca vive. Este río riega lugares secos, satisface la tierra árida y trae el desierto a la vida. Ezequiel fue llevado a entrar a un río. El río subió más allá de sus tobillos, sus rodillas, sus lomos (cintura) y por encima de sus hombros. Era un río para nadar en él (Ezequiel 47:1–6). Ezequiel vio todo tipo de árboles para alimento en las orillas de este río. Comemos de estos árboles en Sion. Estos árboles producen salud y fuerza. El fruto es para comer (lo cual da fuerza) y las hojas son para medicina (Ezequiel 47:12).

DENTRO DE LO PROFUNDO

El río de Ezequiel es una imagen del río de la vida que fluye desde el templo. Es un río espiritual que tiene diferentes profundidades. Podemos ir a las profundidades en el Espíritu y la Palabra representadas por el agua que llega hasta los tobillos, a las rodillas, a los lomos, a los hombros (o al cuello) y por encima de nuestra cabeza. Las profundidades son medidas cada mil codos. Mil es un número perfecto que representa el Reino de Dios. Mil representa incremento, multiplicación y abundancia. Dios desea incrementar en nosotros revelación, sabiduría, poder, gracia, favor y autoridad. No hay límite para las profundidades de Dios y del Espíritu. Hay diferentes niveles (poco profundo, medio y profundo).

El agua llega a los tobillos (poco profundo).

El contacto directo con el poder del Espíritu Santo es absolutamente maravilloso, pero ¡no olvide que la «profundidad a los tobillos» es el mínimo de Dios![2]

Y salió el varón hacia el oriente, llevando un cordel en su mano; y midió mil codos, y me hizo pasar por las aguas hasta los tobillos.

—Ezequiel 47:3

El agua llega a las rodillas y a los lomos o a la cintura. La cintura es a la mitad. Algunos creyentes llegan a la mitad y se detienen.

> Midió otros mil, y me hizo pasar por las aguas hasta las rodillas. Midió luego otros mil, y me hizo pasar por las aguas hasta los lomos.
>
> —Ezequiel 47:4

El agua llega más arriba de los hombros y la cabeza (profundo). Cuando el agua llega por encima de la cabeza, usted debe ser capaz de nadar. Usted debe nadar en lo profundo. Las Escrituras tienen mucho que decir acerca de lo profundo.

Lo profundo es un lugar de maravillas:

> Ellos han visto las obras de Jehová, y sus maravillas en las profundidades.
>
> —Salmos 107:24

Lo profundo es un lugar de abundancia:

> Cuando terminó de hablar, dijo a Simón: Boga mar adentro, y echad vuestras redes para pescar.
>
> —Lucas 5:4

Lo profundo es un lugar de alabanza:

> Alabad a Jehová desde la tierra, los monstruos marinos y todos los abismos.
>
> —Salmos 148:7

Lo profundo es un lugar de alabanza:

> Aguas profundas son las palabras de la boca del hombre; y arroyo que rebosa, la fuente de la sabiduría.
>
> —Proverbios 18:4

Lo profundo es un lugar de consejo:

> Como aguas profundas es el consejo en el corazón del hombre; mas el hombre entendido lo alcanzará.
>
> —Proverbios 20:5

Lo profundo es un lugar de revelación:

> Pero Dios nos las reveló a nosotros por el Espíritu; porque el Espíritu todo lo escudriña, aun lo profundo de Dios.
>
> —1 Corintios 2:10

Lo profundo es un lugar de sufrimiento apostólico:

> Tres veces he sido azotado con varas; una vez apedreado; tres veces he padecido naufragio; una noche y un día he estado como náufrago en alta mar.
>
> —2 Corintios 11:25

Lo profundo tiene una voz:

> Te vieron y tuvieron temor los montes; pasó la inundación de las aguas; el abismo dio su voz, a lo alto alzó sus manos.
>
> —Habacuc 3:10

Hay bendiciones en lo profundo:

> Por el Dios de tu padre, el cual te ayudará, por el Dios Omnipotente, el cual te bendecirá con bendiciones de los cielos de arriba, con bendiciones del abismo que está abajo, con bendiciones de los pechos y del vientre.
>
> —Génesis 49:25

Los creyentes de Sion van más profundo. La adoración es más profunda. La revelación es más profunda. Lo profético es más profundo. La sabiduría es más profunda. Usted es Sion. Usted es profundo. El río de Dios fluye en usted. No tenga miedo de lanzarse e ir más profundo. Esta es una palabra profética con respecto a lo profundo:

> Mar adentro irás. Dejarás las costas detrás. Irás a lo profundo, y nuevas cosas encontrarás. Dejarás ese lugar familiar, y saldrás por mi gracia. Ya no serás retenido, pero te estoy dando riqueza. No más carencia. Saldrás a lo profundo, y encontrarás nuevos tesoros. Ya no tendrás miedo, sino que irás con valentía. Irás más allá de las olas, y las cosas profundas que

conocerás, porque he venido a llevarte allí, a un lugar en el que nunca has estado. Vengo para que puedas lanzarte.

Sí, a un nuevo lugar te enviaré. Ya no verás la tierra, sino que irás más allá de las olas y te tomaré de las manos, y saldrás a lo profundo a un lugar lejano, distante. Conocerás mi gracia y tesoros. Conocerás la abundancia de mi gracia. Mi viento está soplando sobre ti para llevarte de un lugar familiar de un lugar que siempre has conocido. Te estoy removiendo de ese lugar. No se asusten, mis hijos. No se asusten de ir. Voy a enviarlos a lo profundo, y conocerán cosas nuevas. Verán cosas que nunca habían visto e irán a lugares donde nunca habían ido. Harán cosas que nunca habían hecho. Recibirán más y más, porque he estado esperándolos a que me digan que sí y que dejen a un lado el temor de dejar la tierra atrás, para alejarse de lo que está cercano, para ir a lo ancho y a lo lejos más allá de cualquier lugar al que hayan ido anteriormente. Oh sí, estoy abriendo para ustedes. Estoy abriendo una puerta nueva, así que no teman, sino den el paso hacia este lugar al que los llevo. Sí, los saco de lo viejo para llevarlos a lo nuevo. Permitan que mi viento sople, que cambie la estación e irán al nuevo lugar. Porque en verdad el viento ha venido y sopla ahora, y disfrutarán el nuevo lugar al que los llevo y dirán: «¡Dios mío! ¡Qué impresionante! Nunca supe que podía salir tan lejos, mucho más allá de la costa. Nunca supe cuán grandioso podría ser hasta que el viento me llevó allí».

Sion es un lugar de salud y sanidad. No es un lugar seco; está bien regado. Sion es exuberante y floreciente como Edén, el huerto del Señor. Usted es Sion. Usted es el huerto del Señor.

Ciertamente consolará Jehová a Sion; consolará todas sus soledades, y cambiará su desierto en paraíso, y su soledad en huerto de Jehová; se hallará en ella alegría y gozo, alabanza y voces de canto.

—Isaías 51:3

Usted está regado, y riega a otros. Suelta vida a dondequiera que va. Sus palabras son contenedores de vida para derramar sobre el sediento. Las iglesias de Sion sueltan el río de Dios para inundar los lugares secos y para provocar que los desiertos y los lugares estériles florezcan de nuevo. Somos enriquecidos con el río de Dios (Salmos 65:9).

En medio de la calle de la ciudad, y a uno y otro lado del río, estaba el árbol de la vida, que produce doce frutos, dando cada mes su fruto; y las hojas del árbol eran para la sanidad de las naciones.

—APOCALIPSIS 22:2

El río de Dios trae sanidad a las naciones. La visión de Juan culmina con la llegada de la Jerusalén celestial. La Sion celestial es la realidad de la Sion terrenal. La Sion celestial es la Sion del nuevo pacto.

EL FLUIR PROFÉTICO Y EL RÍO DE DIOS

El árbol de la vida está junto al río. La sabiduría es árbol de vida (Proverbios 3:18) La lengua apacible es árbol de vida (Proverbios 15:4). Creo que el río de Dios que fluye del creyente se suelta a través de las palabras. Se relaciona con este río a través de lenguas, predicación, enseñanza, profecía y cántico.

Los hijos y las hijas profetizan en Sion. Los siervos y las siervas profetizan en Sion. Los cantantes y los músicos profetizan. Todos podemos profetizar (1 Corintios 14:24, 31). Las profecía es el habla del Espíritu Santo.

Los profetas y el fluir profético alcanzaron su cenit durante los días de David y el establecimiento de Sion. Allí estaban los profetas y videntes de las familias de Asaf, Hemán y Jedutún (1 Crónicas 25). Quenanías era maestro de canto [la palabra hebrea *massa* significa carga o profecía (1 Crónicas 15:27].[3] Estaba Sadoc el vidente (2 Samuel 15:27). Estaban los profetas Gad y Natán, quienes, junto con David, establecieron la adoración en Israel (2 Crónicas 29:25).

David fue llamado «el dulce cantor de Israel» (2 Samuel 23:1). La palabra del Señor estaba en su lengua. David abría su boca en proverbios sobre el arpa (Salmos 78:2). Sion es un lugar para salmistas. Usted es Sion. Permita que el salmista sea despertado en usted (Efesios 5:19).

Los cánticos nuevos son cantados en Sion (Salmos 33:3; 40:3; 96:1; 98:1; 144:9; 149:1; Isaías 42:10). El cántico del Señor siempre es fresco y nuevo. Usted es Sion. Cante el cántico nuevo. Permita que estas canciones fluyan de su interior como un río. Estos nuevos cánticos sueltan cosas nuevas en nosotros; la vida y bendición de Sion están en ese río que fluye.

Dios canta sobre nosotros en Sion. He visto personas sanadas y liberadas cuando Dios canta sobre ellas. Estas canciones son proféticas y traen edificación, exhortación y consuelo (1 Corintios 14:3). Escuchamos y recibimos la sustancia del propio corazón de Dios a través de estos cánticos. La sabiduría y el conocimiento de la revelación se levantan dentro de nosotros para soltar fuerza cuando cantamos cánticos nuevos dados proféticamente por el Señor.

Me encanta activar a los creyentes en canto profético. Todos los creyentes pueden hacer esto. Avive el don de Dios. Usted es Sion. Usted puede cantar sobre las personas y soltar milagros en su vida. Cada líder de adoración debería hacer esto. Cada salmista y equipo de alabanza debería hacer esto. Usted es Sion.

Jesús mora en Sion. Jesús canta en Sion. Jesús canta a través de nosotros. Esto se hace a través del Espíritu Santo, el Espíritu de Cristo.

> Anunciaré tu nombre a mis hermanos; en medio de la congregación te alabaré.
>
> —Salmos 22:22

> Anunciaré tu nombre a mis hermanos; en medio de la congregación te alabaré.
>
> —Hebreos 2:12

Jesús canta en medio de nosotros y en medio de la iglesia. Jesús hablaba a través de David de manera profética. Esta profecía se cumple por medio de nosotros. Cuando nos rendimos al Espíritu Santo en adoración, nos rendimos a Jesús. Jesús habla a través de nuestra boca. La voz de Jesús es escuchada en Sion. Que manifestación tan poderosa el Espíritu de Cristo. Esta es Sion. Usted es Sion. Permita que Cristo hable y cante a través de usted.

El Espíritu de Cristo hablaba a través de David cuando escribió la mayoría de los Salmos por inspiración. Mucho de lo que habló a través de los salmos era, de hecho, Cristo que hablaba por medio de Él. Podemos experimentar lo mismo hoy cuando cantamos salmos por el Espíritu Santo. Usted es Sion y Cristo mora en usted. Permítale testificar de su bondad y gran plan a través de usted a medida que canta un cántico nuevo del Señor.

Debemos adorar en Espíritu y en verdad. La verdadera adoración no puede suceder aparte del Espíritu Santo. El bautismo en el Espíritu Santo nos habilita para ser verdaderos adoradores. Sion es el lugar de verdadera adoración y los creyentes de Sion son adoradores. Las iglesias de Sion son iglesias adoradoras. Usted es Sion. Usted es un adorador.

LAS FUENTES DE SION

Una fuente es un manantial, un pozo, un origen.[4] En Salmos 87:7 dice: «Todas mis fuentes están en ti». Este es un versículo interesante. Lo leí muchas veces y tuve que preguntarme: «Dios, ¿qué significa "Todas mis fuentes están en ti"?». Todas mis fuentes están en Sion. No habla de juegos hidráulicos decorativos. En lugar de eso este versículo habla acerca de que la fuente de toda su bendición está en Sion. Sus fuentes —el origen, el manantial, el río— de donde usted extrae su bendición están en Sion. Una versión dice: «¡La fuente de mi vida brota de Jerusalén!» (NTV). Otra dice: «Todas mis raíces están en ti» (PDT). Y otra dice: «Conocimos a Dios en Jerusalén» (TLA).

Sion es un lugar de manantiales, de fuentes y del río de Dios. Es un lugar donde fluye el agua. Es un lugar de refresco, bendición y vida. No es un lugar seco. Es un lugar donde fluyen cosas buenas.

Amo a Sion porque es la fuente de cada expresión buena y perfecta de las fuentes de bendición de Dios que saltan de Sion. Es donde está la bendición, así que aunque la gente quizá deje Sion y se vaya a otra parte, Sion permanece siendo el lugar—la fuente—donde las aguas refrescantes, bendiciones, sanidad, liberación, milagros y avance fluyen.

MANTÉNGASE FUERA DEL PANTANO

Siempre cuento la historia de cómo un amigo ministro se fue a California y cómo quería visitar una iglesia pentecostés histórica. La iglesia había sido hogar de grandes avivamientos en el pasado. Llegamos al edificio y entramos. Tan pronto entramos, dijo: «Es un dinosaurio. Vámonos».

Yo respondí algo como: «¿Eso fue todo? ¿Entraste para eso?».

«Eso es todo. Es un dinosaurio. Vámonos».

Es terrible llamar a una iglesia un dinosaurio. La iglesia tuvo avivamiento hacía años, pero ahora no había gloria, ni presencia, ni peso, ni manantiales, ni agua y nada de Espíritu. El agua representa al Espíritu Santo. En esta iglesia no había fluir del Espíritu, ninguna fuente del Espíritu Santo, no fluían cánticos nuevos, nada de palabras proféticas y nada de revelación. No sucedía nada fresco que lo llevará a pensar en un manantial.

Un manantial siempre da agua fresca. No está estancado. Si no hay una fuente, ni manantial, el agua se estanca y cuando se estanca se arranca. Se convierte en un pantano. Sion, no termine en una iglesia pantano. Sobre todo, no termine con un corazón pantano.

En un pantano no fluye nada. Todo está quieto. Hay lagartos, cocodrilos, monstruos del pantano y criaturas de la Laguna Negra, lo que se le ocurra.

Había un programa de televisión llamado *Swamp People* (La

gente del pantano). Mi esposa solía verlo. Era parte de la tendencia de *reality shows* que se han vuelto tan populares. En el programa, la gente va y mata cocodrilos y lagartos. Sí, los atrapan, y así es como ganan dinero. No me meto a los pantanos, así que este no es mi llamado. Tengo la sangre de Jesús. No soy un hombre del pantano. A algunas personas les encantan los pantanos. Tienen su barca en el pantano. Yo no. Los pantanos simbolizan agua tanto en condición como en dirección que es opuesta al río de Dios. Está estancado. No hay fluir, ni movimiento, ni fuente ni manantial. Es un pantano.

Pero gracias a Dios por Sion, donde hay un río cuyas corrientes alegran la ciudad de nuestro Dios. Sion tiene un manantial, una fuente de vida que siempre fluye con algo fresco, algo nuevo y algo que trae vida.

Dios quiere que una fuente fluya en usted. Nunca debería estar seco, muerto y estéril, deshidratado y sediento. De su interior correrán ríos de agua viva. Lo profético —poder hablar y escuchar la palabra del Señor— siempre debería estar burbujeando y fluyendo. Siempre debería haber una frescura que fluya con libertad en Sion: nuevos cánticos, nuevas palabras, nuevas visiones y nuevos sueños.

Capítulo 5

CORAZÓN DE SION

Y en tu boca he puesto mis palabras, y con la sombra de mi
mano te cubrí, extendiendo los cielos y echando los cimientos
de la tierra, y diciendo a Sion: Pueblo mío eres tú.
—Isaías 51:16

'CORAZÓN DE SION' es un término que escuché por primera vez en un mensaje sobre Sion que dio Kevin Leal en una de nuestras Reuniones de Adoración Asaph. Me encanta escuchar a los profetas predicar y enseñar la Palabra porque hay una unción sobre los profetas para ver las Escrituras desde una perspectiva poco común. Cuando predico sobre Sion predico desde una perspectiva apostólica. Escuchar este acercamiento profético al tema fue muy poco usual y refrescante. Le dije que me sentí como el Guasón en Batman cuando dijo: "«¿De dónde saca todos esos juguetes maravillosos?». Los profetas reciben perspectivas de Dios inusuales y asombrosas cuando estudian las Escrituras.

Mientras Kevin y yo conversamos sobre este tema un poco más, hablamos de cómo la iglesia está limitada en su entendimiento de Sion, cuando lo ve solo como un lugar físico. Sion es, de hecho, un pueblo, y luego no solo un pueblo; Sion también es una actitud del corazón. Sion no está limitado por los tipos y las sombras del antiguo pacto. La realidad de Sion ha sido hecha plena en Cristo. Sion, el cual es el Reino, el cual es la Iglesia, está en nuestro corazón. Dios una vez moró en un templo físico; ahora nosotros somos el templo de Dios (1 Corintios 3:16). "El Altísimo no habita en templos hechos de mano" (Hechos 7:48).

Es muy raro que algún predicador predique sobre Sion porque para la mayoría de los cristianos, Sion es una realidad futura, no algo que podamos experimentar en el presente. Cuando tenemos una revelación sobre este tema, obtenemos perspectiva de quiénes somos como hijos o hijas de Dios. Sion no es una ubicación física, Sion es un pueblo, y Sion era, por supuesto, el lugar de adoración.

Hace dos mil años, Jesús dijo: "La hora viene, y ahora es" (Juan 4:23). Le dijo esto a la mujer samaritana que conoció un día en un pozo. Le estaba haciendo saber que venía el tiempo en el que la gente ya no adoraría en el templo en Jerusalén, sino que adorarían en espíritu y en verdad. Jesús estaba quitando el enfoque de la ubicación física, al decir que ese acto de adoración era temporal. De hecho, le estaba dejando saber que el templo sería destruido, pero Dios busca, recorre y quiere encontrar personas que lo adoren en espíritu y en verdad.

Dios siempre busca y quiere encontrar adoradores que lo adoren en espíritu por el Espíritu Santo. Por eso enfatizo tanto la adoración profética. La gente quizá se pregunte por qué tengo tanta pasión por esto. Es porque la adoración llena del Espíritu no depende de los cantos que se sepa. No depende de lo que otro cante, lo que sea popular o quién sacó la mejor canción. La adoración llena del Espíritu depende del Espíritu de Dios.

Lamentablemente, no muchas personas quieren hacer lo necesario para obtener del Espíritu Santo. Demasiados de nosotros somos perezosos. No queremos usar nuestra fe. No queremos movernos en el Espíritu. Preferiríamos hacerlo de la manera fácil. Preferiríamos hacer las grandes cosas que todos los demás hacen: el sonido, la canción. Quizá haya una gran cantidad de sonidos y canciones excelentes. No estoy en contra de canciones ungidas, pero nada toma el lugar del Espíritu Santo. Nada. Uno obtiene avances y milagros cuando se mueve en el Espíritu que no obtiene por copiar a alguien más. Y muchas personas no lo quieren. Se van tras lo que es popular: luces, cámara, acción, humo… Se ve bien, suena bien, pero nunca reemplazará el poder y la gracia que viene a través del Espíritu Santo.

Cuando aprende cómo vivir en el Espíritu y moverse en Él, prepárese para algunas bendiciones que las persona normalmente no obtienen. Suceden cosas inusuales. Suceden avances especiales en su vida. Es un estilo de vida diferente. Es el estilo de vida de uno cuyo corazón está hacia Sion; uno que ama la presencia no adulterada de Dios, uno cuyo corazón sea para Dios y su corazón sea para ellos. Y una vez que se acostumbra a este nivel de adoración y relación, no puede volver a lo anterior.

EL CORAZÓN DE DIOS PARA SION

Salmos 87:2 dice: "Ama Jehová las puertas de Sion más que todas las moradas de Jacob". Dios tiene un amor especial por Sion; lo ama más que cualquier otro lugar. Si quiere saber qué es lo que Dios ama, lo que le agrada y lo que lo emociona es Sion. Ama las puertas de Sion más que cualquier otro lugar en la tierra y cualquier otra ciudad, sea Belén o Nazaret. Su amor por ningún otro lugar se puede comparar con el amor que Dios tiene por Sion. Hay algo especial acerca de Sion que Dios escoge, ama, favorece y toma placer. Así que si soy un creyente con un corazón de Sion quien sabe que Dios ama a Sion, necesito asegurarme de estar en el lugar que Dios ama. Necesito asegurarme de estar entre la gente que Dios ama. Porque cuando dice que Dios ama a Sion, significa que favorece a Sion.

Si quiere el favor de Dios sobre su vida, entienda que Dios ve a Sion y dice: «Miren, eso es lo que quiero. Eso es lo que escojo. Es lo que amo y favorezco. Es lo que bendigo. Esas son las personas que son especiales para mí: las personas de Sion, adoradores, personas proféticas, personas de la gloria, personas que aman mi presencia».

Ni la tradición ni una religión ni una denominación; Dios no escoge esas cosas. No escoge lo que escoge el hombre. A la gente le gusta todo tipo de cosas, pero quiero que me guste lo que le gusta a Dios. Dios ama la belleza de Sion, así que si Dios ama a Sion, debe

61

haber algo en mí que también ame a Sion de esas maneras. Si el Espíritu de Dios está en usted y Dios ama a Sion, entonces usted también debe amar a Sion. Le debería encantar alabar y adorar. Debería amar la presencia de Dios y su gloria. Debería amar el cántico del Señor y los cánticos nuevos. Debería amar lo profético. Le debería encantar danzar, celebrar y disfrutar su gloria. Debería amar a Sion como Él ama a Sion.

Para amar a Sion debe nacer en Sion. Como el hombre del que se escribe en Salmos 87:4–5, Sion es su ciudad. Cuando nace de nuevo, nace en la ciudad celestial. Hablamos de esto en el capítulo 3. Quizá haya nacido físicamente en Chicago, pero hay un nacimiento que supera su nacimiento en Chicago, es su nacimiento en Sion. Cuando nace en Sion, Sion nace en usted. Una vez que nace en Sion y de ella, Sion se convierte en su ciudad y ya no estará satisfecho con vivir en ningún otro lugar.

En lo natural, nunca olvida el lugar de su nacimiento, sin importar donde más viva. Nunca se olvida de cómo llegó a la Tierra: la ciudad, el país o el pueblo donde nació. Es su tierra natal. Quizá cargue el camión y se mude a Beverly Hills, pero sigue siendo un montañés de corazón.

UN PUEBLO LLAMADO SION

El pueblo de Sion tiene un corazón por Sion. Sion ha sido dado a luz en su corazón, y lo aman más que cualquier otro lugar, justo como Dios lo hace. Para tener una imagen de cómo es un corazón de Sion, veamos algunas de las características de cómo es a partir de la Escritura.

David encarna el corazón de Sion. Es el primero que siempre viene a la mente ya que es a quien Dios ungió para establecer un patrón de adoración que todavía guía al Cuerpo de Cristo hoy. Tuvo un corazón conforme al de Dios y un corazón por Sion. Conocemos más acerca del corazón de David que de nadie más en la Escritura. David revela su corazón mediante los muchos Salmos que escribió y cantó. Sion es llamada la ciudad de David y David es la única persona en la Escritura de quien se dice que fue un hombre conforme al corazón de Dios (1 Samuel 13:14) Dios amó el corazón de David. Dios también ama a Sion. Así como deberíamos prestar atención a lo que Dios ama, deberíamos también aprender y ser ejemplo de las características de las personas que Dios ama.

> Quitado éste, les levantó por rey a David, de quien dio también testimonio diciendo: He hallado a David hijo de Isaí, varón conforme a mi corazón, quien hará todo lo que yo quiero.
>
> —Hechos 13:22

El siguiente versículo nos da una clave acerca del enfoque del corazón de David. David estaba preocupado por cumplir con la voluntad de Dios.

> El hacer tu voluntad, Dios mío, me ha agradado, y tu ley está en medio de mi corazón.
>
> —Salmos 40:8

Sion es una parte de la voluntad de Dios. Siempre fue la voluntad de Dios que Sion estuviera en la Tierra.

Los que tienen un corazón de Sion aman a Sion. Nacen en Sion y moran allí y Sion mora en ellos. Son parte de Sion, y tienen comunión con otros que aman a Sion.

Jesús es la piedra angular principal de Sion. Jesús, la piedra rechazada, ha venido a ser cabeza del ángulo. El corazón de Sion confía en Jesús, la piedra principal del ángulo. La piedra angular es la piedra del fundamento. El corazón de Sion tiene su fundamento en Cristo. Los creyentes de Sion construyen su vida en este fundamento.

> Por lo cual también contiene la Escritura: He aquí, pongo en Sion la principal piedra del ángulo, escogida, preciosa; y el que creyere en él, no será avergonzado.
>
> —1 Pedro 2:6

> La piedra que desecharon los edificadores ha venido a ser
> cabeza del ángulo.
>
> —Salmos 118:22

Sion es especial para Dios. Por lo tanto, usted tiene un lugar especial en el corazón de Dios porque usted es Sion.

Pero como vimos en un capítulo anterior, no puede ser ciudadano de Sion sin haber nacido en Sion. El salmista enfatiza su nacimiento en Salmos 87:5.

> Y de Sion se dirá: Este y aquél han nacido en ella, y el Altísimo mismo la establecerá.

Entonces Dios lo preferirá como prefiere a Sion. Así como ha escogido a Sion por su habitación lo escoge a usted.

> Porque Jehová ha elegido a Sion; la quiso por habitación
> para sí.
>
> —Salmos 132:13

Pablo expande la definición de Sion (celestial) como la iglesia.

> Sino que os habéis acercado al monte de Sion, a la ciudad del
> Dios vivo, Jerusalén la celestial, a la compañía de muchos millares de ángeles, a la congregación de los primogénitos que
> están inscritos en los cielos, a Dios el Juez de todos, a los espíritus de los justos hechos perfectos.
>
> —Hebreos 12:22–23

Este no es un nacimiento natural, sino un nacimiento espiritual. Esto conecta a Sion con el Reino. Jesús habló acerca de ser nacido de lo alto para ver el Reino. Este no es un nacimiento carnal, como dije, sino un nacimiento espiritual.

> Respondió Jesús y le dijo: De cierto, de cierto te digo, que el
> que no naciere de nuevo, no puede ver el reino de Dios.
>
> —Juan 3:3

Sion no tiene nada que ver con la carne o con el nacimiento natural. Tiene todo que ver con el corazón porque Sion no es terrenal.

Sion es celestial y espiritual. Sion es, por lo tanto, la nueva creación. La nueva creación siempre fue la meta de los siglos. La llegada del Reino y la Sion celestial fue el plan de Dios desde el principio.

Al corazón de Sion le encanta regocijarse

Sion es un lugar para regocijarse. A los que tienen corazón de Sion les encanta regocijarse.

Para que cuente yo todas tus alabanzas en las puertas de la hija de Sion, y me goce en tu salvación.

—Salmos 9:14

En Sion hay alegría y gozo. Las hijas en Sion también son libres para regocijarse. Los creyentes de Sion entienden los juicios de Dios.

Se alegrará el monte de Sion; se gozarán las hijas de Judá por tus juicios.

—Salmos 48:11

Oyó Sion, y se alegró; y las hijas de Judá, oh Jehová, se gozaron por tus juicios.

—Salmos 97:8

Un corazón de Sion está sometido al Rey

Sion es el lugar del gobierno y reinado de Dios. El corazón de Sion está sometido al Rey. La rebelión y la desobediencia no operan en el corazón de Sion.

Reinará Jehová para siempre; tu Dios, oh Sion, de generación en generación. Aleluya.

—Salmos 146:10

Un corazón de Sion ama a la siguiente generación

Sion es multigeneracional. Sion se extiende a todas las generaciones. Jóvenes y viejos moran en Sion. Los que tienen corazón de Sion aman a la siguiente generación. Sion nunca es obsoleto ni anticuado. Sion siempre es actual y está a la vanguardia.

He visto a muchas iglesias y movimientos perder el corazón de Sion. Estos grupos se vuelven como los odres viejos de los que habló Cristo en Marcos 2:22. Estos movimientos quedan cautivos por la religión y la tradición. Se vuelven irrelevantes para la generación actual porque no continúan renovándose y avivándose.

El corazón de Sion ama la renovación. El corazón de Sion ama el vino nuevo.

> Pero yo he puesto mi rey sobre Sion, mi santo monte.
> —SALMOS 2:6

Un corazón de Sion adora y honra al Rey

Sion es el lugar del Rey y su Reino. Sion es un lugar donde el Rey es reconocido y celebrado. Los que tienen corazones de Sion adoran y honran al Rey.

> Jehová enviará desde Sion la vara de tu poder; domina en medio de tus enemigos.
> —SALMOS 110:2

Un corazón de Sion desafía los poderes de las tinieblas

Sion es el lugar del gobierno del Rey. Las iglesias de Sion creen en el dominio y lo ejercen. El corazón de Sion no es un corazón derrotado. Jesús gobierna en medio de Sion. Los que tienen corazón de Sion desafían los poderes de las tinieblas. Reprenden y echan fuera demonios.

> Y deseará el rey tu hermosura; e inclínate a él, porque él es tu señor.
> —SALMOS 45:11

Un corazón de Sion es el lugar de reposo para la presencia de Dios

Un corazón de Sion es el lugar de reposo para la presencia de Dios. David trajo el arca a Sion.

> Entonces Salomón reunió en Jerusalén a los ancianos de Israel y a todos los príncipes de las tribus, los jefes de las familias de los hijos de Israel, para que trajesen el arca del pacto de Jehová de la ciudad de David, que es Sion.
> —2 CRÓNICAS 5:2

El corazón de Sion ama el arca de Dios. El arca es el lugar de la gloria. La gloria de Dios reposaba entre los querubines sobre el propiciatorio. Dios resplandece en Sion. Resplandecer es una imagen de gloria, esplendor, luz y brillo.[1]

> Oh Pastor de Israel, escucha; tú que pastoreas como a ovejas a José, que estás entre querubines, resplandece.
>
> —Salmos 80:1

David deseaba un lugar para que Dios reposara, y trajo el arca a Sion, el cual es el lugar de reposo de Dios para siempre. La presencia de Dios reposa para siempre en los corazones de los creyentes de Sion. El arca ya no sería llevada de un lugar a otro como durante los días del tabernáculo de Moisés. El arca encontró un lugar para descansar en Sion.

> Este es para siempre el lugar de mi reposo; aquí habitaré, porque la he querido.
>
> —Salmos 132:14

> Levántate, oh Jehová, al lugar de tu reposo, tú y el arca de tu poder.
>
> —Salmos 132:8

La palabra del Señor está en la lengua del que tiene corazón de Sion

David tenía el Espíritu de Dios sobre él, y la palabra del Señor estaba en su lengua. Las familias de Asaf, Hemán y Jedutún eran familias proféticas quienes tocaban instrumentos de música y cantaban proféticamente.

> El Espíritu de Jehová ha hablado por mí, y su palabra ha estado en mi lengua.
>
> —2 Samuel 23:2

El corazón de Sion rebosa con la Palabra del Señor. Rebosa con cánticos nuevos. Rebosa con expresiones proféticas.

Rebosa mi corazón palabra buena; dirijo al rey mi canto; mi lengua es pluma de escribiente muy ligero.

—Salmos 45:1

Hermosas palabras conmueven mi corazón; por eso recitaré un bello poema acerca del rey, pues mi lengua es como la pluma de un hábil poeta.

—Salmos 45:1, ntv

Los cielos destilan la presencia de Dios. Sion es el lugar de la presencia de Dios. Las palabras y las canciones proféticas caen del cielo cuando estamos en su presencia (gloria).

La tierra tembló; también destilaron los cielos ante la presencia de Dios; aquel Sinaí tembló delante de Dios, del Dios de Israel.

—Salmos 68:8

'Destilaron' es la palabra hebrea *nataph*, que significa «caer en gotas, gotear, destilar, profetizar, predicar, dar un discurso, gotear (profetizar), exudar, destilar de manera gradual».[2] El Señor destila su palabra profética desde el cielo como resultado de su presencia. Esto sucede durante la adoración. Dios habita en las alabanzas de su pueblo (Salmos 22:3). La presencia del Señor se manifestará como resultado de la alabanza. La presencia de Dios nos hace adorar. La adoración es nuestra respuesta a su presencia.

Dios hace destilar la canción profética. Los cantores pueden cantar de manera profética como resultado de *nataph*. Estas canciones son destiladas del cielo. Estas canciones pueden caer en cualquiera de la congregación.

Otra palabra hebrea traducida como 'profeta' muestra que los profetas hablan cuando escuchan a Dios (u hoy al Señor Jesús) y no hablan por su propia cuenta. La palabra hebrea *nataph*, algunas veces traducida como 'profeta', significa caer como gota, gotear o destilar. Sus usos incluyen destilar lluvia y gotear del cielo, palabras que 'destilan' de la boca de alguien y vino que destila de los montes en el paraíso. Aunque los profetas son llamados a 'destilar' palabras donde y cuando Dios lo demande, lo más obvio que escuchamos de *nataph* es que Dios hace gotear sus palabras sobre el profeta. Significa, como dice la *Concordancia Strong's*: «Hablar por inspiración». Esto significa que el mensaje que trae el profeta no es su propio mensaje, sino las palabras del Señor y además implica que muchas veces el profeta quizá no conozca el mensaje cuando comienza a profetizar, sino que las palabras 'caen como gotas' sobre él, es decir, las dice a medida que las recibe de Dios.[3]

Este destilado también nos lleva a cantar cánticos inspirados. Los cánticos de inspiración son cánticos proféticos. El cantor es inspirado por Dios para cantar un cántico nuevo. Las iglesias deben permitir que Dios destile estas canciones durante la adoración. No deberíamos apagar la manifestación del Espíritu (1 Tesalonicenses 5:19).

Esta forma de cantar se desarrolla de manera gradual a medida que ascendemos en adoración, lo cual refleja el significado de *nataph* que señale anteriormente: destilar gradualmente.

Esta forma de profecía se destila de manera gradual en su espíritu. La palabra hebrea *nataph* significa 'formar, desarrollar una palabra semejante a rumiar la comida'. Esta forma de expresión profética se desarrolla lentamente y viene como el amanecer. Es posible escribir tal inspiración y darla. Un ejemplo de esto se encuentra en Job: «Tras mi palabra no replicaban, y mi razón destilaba sobre ellos» (Job 29:22). A medida que él hablaba, tenían una revelación o entendimiento que se iba desplegando de la palabra de Dios para ellos.[4]

'Destilar' significa «aparecer lentamente o en pequeñas cantidades a la vez».[5] Esto no se puede apresurar. Tomará un poco de tiempo para que sean soltadas estas canciones. Se requerirá un poco de tiempo de calidad en adoración.

Las palabras del profeta con frecuencia revelaban el corazón de Dios, sus palabras «destilaban y goteaban como rocío y lluvia suave». Strong dice que *nataph* significa exudar, es decir, destilar de manera gradual; por implicación: caer en gotas; y de manera figurada: hablar por inspiración: destilar, profetizar. Esta palabra no solo muestra el aspecto y la naturaleza suave de la profecía; sino también revela que la profecía puede venir lentamente, poco a poco, con pausas, breves o largas, entre las partes de una revelación completa.[6]

La palabra del Señor es destilada en Sion, y los creyentes de Sion escuchan la Palabra de Dios, la hablan, la cantan y la obedecen.

Los creyentes con corazón de Sion son diversos

Los creyentes con corazón de Sion son de todo el mundo. Los que tienen corazón de Sion son de cada nación y grupo cultural. Aunque provienen de distintos antecedentes, tienen corazones similares.

> Todas las naciones que hiciste vendrán y adorarán delante de ti, Señor, y glorificarán tu nombre.
>
> —SALMOS 86:9

Los creyentes con corazón de Sion confían en el Señor

Recuerde que Sion era un alcázar, una fortaleza, un castillo. Sion era una fortaleza-monte que los jebuseos habían poseído hasta el tiempo de David. Sion es la fortaleza de Dios.

> Y los moradores de Jebús dijeron a David: No entrarás acá. Mas David tomó la fortaleza de Sion, que es la ciudad de David.
>
> —1 CRÓNICAS 11:5

La Sion celestial es impenetrable. Sion es un lugar de seguridad y protección. Aquellos con corazón de Sion ponen su confianza en el Dios de Sion. El corazón de Sion es el corazón que confía. Es el corazón que depende del Señor y confía en Él.

> Los que confían en Jehová son como el monte de Sion, que no se mueve, sino que permanece para siempre.
>
> —SALMOS 125:1

El salmista tiene un corazón de Sion. David tenía un corazón de Sion. Los salmos están llenos de referencias a confiar en el Señor. Creo que confiar en el Señor es una de las características más importante de un corazón de Sion.

> Pero alégrense todos los que en ti confían; den voces de júbilo para siempre, porque tú los defiendes; en ti se regocijen los que aman tu nombre.
>
> —SALMOS 5:11

En otras palabras, el Señor es mi roca y mi fortaleza (Sion). El corazón de Sion no confía en la carne. El corazón de Sion pone su confianza en Dios, no en el hombre.

> Jehová, roca mía y castillo mío, y mi libertador; Dios mío, fortaleza mía, en él confiaré; mi escudo, y la fuerza de mi salvación, mi alto refugio.
>
> —SALMOS 18:2

> Gustad, y ved que es bueno Jehová; dichoso el hombre que confía en él.
>
> —SALMOS 34:8

El corazón de Sion encomienda sus caminos al Señor y confía en Él. Esto significa sujetar nuestros planes a Él.

> Encomienda a Jehová tu camino, y confía en él; y él hará.
>
> —SALMOS 37:5

El corazón de Sion odia el orgullo. El corazón de Sion no respeta al soberbio y arrogante. Dios odia el orgullo. El orgullo es una abominación para Él.

> Bienaventurado el hombre que puso en Jehová su confianza, y no mira a los soberbios, ni a los que se desvían tras la mentira.
>
> —SALMOS 40:4

El corazón de Sion confía en la misericordia de Dios.

Pero yo estoy como olivo verde en la casa de Dios; en la misericordia de Dios confío eternamente y para siempre.

—SALMOS 52:8

Los creyentes con corazón de Sion son intrépidos

El corazón de Sion no tiene miedo de lo que la carne pueda hacer. Esta es otra característica importante del corazón de Sion. David es un hombre con un corazón de Sion. De manera consistente habló acerca de no temer al hombre.

En Dios alabaré su palabra; en Dios he confiado; no temeré; ¿qué puede hacerme el hombre?

—SALMOS 56:4

Jehová está conmigo; no temeré lo que me pueda hacer el hombre.

—SALMOS 118:6

Los creyentes de Sion no temen la guerra. Los que tienen corazón de Sion no temen al enemigo. No hay temor del hombre. El temor del hombre pondrá lazo (Proverbios 29:25).

Aunque un ejército acampe contra mí, no temerá mi corazón; aunque contra mí se levante guerra, yo estaré confiado.

—SALMOS 27:3

El corazón de Sion tiene la fuerza de Dios. Sion es un lugar de fuerza y poder. La valentía es la señal de un corazón de Sion.

Jehová es mi luz y mi salvación; ¿de quién temeré? Jehová es la fortaleza de mi vida; ¿de quién he de atemorizarme?

—SALMOS 27:1

Los creyentes de corazón de Sion son inconmovibles

El corazón de Sion es establecido, firme e inconmovible.

Asegurado está su corazón; no temerá, hasta que vea en sus enemigos su deseo.

—SALMOS 112:8

Por lo cual no resbalará jamás; en memoria eterna será el justo.

—SALMOS 112:6

Sion es un lugar inamovible. Sion es un monte y no puede ser sacudido. Los que tienen corazón de Sion no son sacudidos. Dios está en medio de Sion y Sion no puede ser conmovido.

Dios está en medio de ella; no será conmovida. Dios la ayudará al clarear la mañana.

—SALMOS 46:5

Los que tienen corazón de Sion ponen al Señor siempre delante de ellos. El corazón de Sion no puede ser conmovido.

A Jehová he puesto siempre delante de mí; porque está a mi diestra, no seré conmovido.

—SALMOS 16:8

Aquellos con corazón de Sion creen en la protección del Señor. El Señor es su defensa. El corazón de Sion no es movido por el temor a la calamidad.

El solamente es mi roca y mi salvación. Es mi refugio, no resbalaré.

—SALMOS 62:6

Los creyentes con corazón de Sion son puros de corazón
El corazón de Sion es un corazón puro. Es un corazón sin engaño.

Bienaventurado el hombre a quien Jehová no culpa de iniquidad, y en cuyo espíritu no hay engaño.

—SALMOS 32:2

La palabra de donde se traduce 'engaño' significa astucia, artería, engaño o malas mañas.[7] Los verdaderos adoradores no tienen engaño. Jesús identificó a Natanael como un verdadero israelita en quien no hay engaño. Jesús no tenía engaño.

Cuando Jesús vio a Natanael que se le acercaba, dijo de él:
He aquí un verdadero israelita, en quien no hay engaño.

—JUAN 1:47

Salmos 24 describe a la persona que puede subir al monte del
Señor. Es la persona limpia de manos y pura de corazón. Sion es el
monte del Señor.

¿Quién subirá al monte de Jehová? ¿Y quién estará en su lugar
santo? El limpio de manos y puro de corazón; el que no ha
elevado su alma a cosas vanas, ni jurado con engaño. El recibirá bendición de Jehová, y justicia del Dios de salvación.

—SALMOS 24:3–5

Israel subía a Sion. Ascendían en su jornada. Esto es porque
Sion estaba ubicado en un lugar alto.

Los creyentes con corazón de Sion andan en la verdad

El corazón de Sion es un corazón veraz. Los creyentes de Sion
odian las mentiras.

Jehová, ¿quién habitará en tu tabernáculo? ¿Quién morará en
tu monte santo? El que anda en integridad y hace justicia,
y habla verdad en su corazón. El que no calumnia con su
lengua, ni hace mal a su prójimo, ni admite reproche alguno
contra su vecino.

—SALMOS 15:1–3

Los creyentes de Sion andan en verdad. Aman la verdad de la
Palabra. No transigen cuando conocen la verdad.

Enséñame, oh Jehová, tu camino; caminaré yo en tu verdad;
afirma mi corazón para que tema tu nombre.

—SALMOS 86:11

Porque tu misericordia está delante de mis ojos, y ando en tu
verdad. La luz y la verdad es lo que nos lleva a Sion.

—SALMOS 26:3

Envía tu luz y tu verdad; éstas me guiarán; me conducirán a tu santo monte, y a tus moradas.

—Salmos 43:3

Dios desea la verdad en el interior. La verdad no solo en la boca, sino en el corazón.

He aquí, tú amas la verdad en lo íntimo, y en lo secreto me has hecho comprender sabiduría.

—Salmos 51:6

Hay una bandera de verdad. La verdad debe ser levantada.

Has dado a los que te temen bandera que alcen por causa de la verdad. *Selah*.

—Salmos 60:4

La verdad de Dios debe ser alabada.

Porque ha engrandecido sobre nosotros su misericordia, y la fidelidad [verdad] de Jehová es para siempre. Aleluya.

—Salmos 117:2

La verdad es una cosa que motiva a los creyentes de Sion a alabar y adorar.

Me postraré hacia tu santo templo, y alabaré tu nombre por tu misericordia y tu fidelidad; porque has engrandecido tu nombre, y tu palabra sobre todas las cosas.

—Salmos 138:2

Sion es llamada la ciudad de verdad. No puede ser parte de Sion y no amar la verdad.

Así dice Jehová: Yo he restaurado a Sion, y moraré en medio de Jerusalén; y Jerusalén se llamará Ciudad de la Verdad, y el monte de Jehová de los ejércitos, Monte de Santidad.

—Zacarías 8:3

Los creyentes con corazón de Sion tienen un corazón por salvación y liberación

Sion es un lugar de salvación y liberación.

He aquí que Jehová hizo oír hasta lo último de la tierra:
Decid a la hija de Sion: He aquí viene tu Salvador; he aquí su
recompensa con él, y delante de él su obra.

—Isaías 62:11

La salvación está en Sion. Las iglesias de Sion predican salvación. Los creyentes de Sion enfatizan la salvación. El corazón de
Sion es un corazón de salvación.

Mas en el monte de Sion habrá un remanente que se salve; y
será santo, y la casa de Jacob recuperará sus posesiones.

—Abdías 1:17

Uno de los primeros mensajes que prediqué acerca de la liberación fue sobre este versículo en Abdías. Observe la progresión.
Después de la liberación viene la santidad y luego la habilidad de
recuperar nuestras posesiones.

La salvación es liberación. La liberación fue una parte importante del ministerio de Cristo. Jesús echó fuera demonios con el
dedo de Dios (Lucas 11:20). Echar fuera demonios era una señal
de la llegada del Reino. Jesús echó fuera espíritus con su palabra
(Mateo 8:16). Jesús echó fuera muchos demonios (Marcos 1:34).
Los discípulos echaron fuera muchos demonios (Marcos 6:13).
Jesús echo fuera siete demonios de María Magdalena (Marcos 16:9).

El ministerio de liberación de Cristo fue una parte notable de su
ministerio. Era algo tan nuevo (Marcos 1:27) que cuando comenzó
a hacerlo, los líderes religiosos lo acusaron de echar fuera los demonios por Beelzebú (Marcos 12:24). Jesús predicaba y echaba fuera
demonios dondequiera que iba (Marcos 1:39).

Las multitudes venían a Jesús para liberación. Los demonios sa-
lían de muchos (Lucas 4:41). La liberación es el pan de los hijos
(Mateo 15:26). Cada creyente tiene el derecho a la liberación, y
Sion es el lugar de liberación.

Muchos espíritus en la gente necesitan ser desafiados y echados
fuera. Los demonios más comunes son rechazo, rebelión, amargura, orgullo, lujuria, temor, herida, enojo, confusión, debilidad,

hechicería y odio. Jesús nos da poder y autoridad para sanar a los enfermos y echar fuera demonios (Lucas 9:1).

Los ministerios de sanidad y liberación con frecuencia están conectados. Muchas enfermedades tienen raíces demoníacas. La gente traía a los enfermos y a los endemoniados a Jesús para ser sanos (Marcos 1:32). El ministerio de liberación es un ministerio de milagros (Marcos 9:38–40).

Jesús el libertador viene de Sion. Trae salvación. Aparta la impiedad de Jacob. Jesús el libertador está conectado con Sion.

> Y luego todo Israel será salvo, como está escrito: Vendrá de Sion el Libertador, que apartará de Jacob la impiedad.
>
> —Romanos 11:26

Los salvadores (libertadores) son levantados en Sion. Las iglesias de Sion son iglesias de liberación. Vemos que muchos obreros y equipos de liberación están siendo levantados en muchas iglesias. Sion juzga a Esaú. Esaú es una imagen de la carne y lo demoniaco.

> Y subirán salvadores al monte de Sion para juzgar al monte de Esaú; y el reino será de Jehová.
>
> —Abdías 1:21

El corazón de Sion es un corazón que ama la libertad y la liberación. El corazón de Sion odia el cautiverio. Usted es Sion. Usted echa fuera demonios, camina en libertad y liberación. Usted es liberado y es un libertador. Ha sido hecho libre, y hace libres a los que están en cautiverio.

Los creyentes con el corazón de Sion predican las buenas nuevas

A las iglesias de Sion les encantan las buenas nuevas. Los creyentes de Sion publican la paz. El corazón de Sion es un corazón con nuevas del bien. Los creyentes de Sion declaran que Dios reina.

> ¡Cuán hermosos son sobre los montes los pies del que trae alegres nuevas, del que anuncia la paz, del que trae nuevas

del bien, del que publica salvación, del que dice a Sion: ¡Tu
Dios reina!

—Isaías 52:7

Usted es Sion. Usted predica las buenas nuevas. Declara el gobierno y el reinado de Cristo. Sion proclama las buenas nuevas del
Reino.

Los creyentes con un corazón de Sion tienen un corazón por la restauración

En Sion hay salud, sanidad y restauración. El corazón de Sion es
un corazón de restauración. Las iglesias y creyentes de Sion creen
en la restauración.

Mas yo haré venir sanidad para ti, y sanaré tus heridas, dice
Jehová; porque desechada te llamaron, diciendo: Esta es Sion,
de la que nadie se acuerda.

—Jeremías 30:17

La Sion terrenal fue rechazada a causa de su desobediencia y rebelión. Sion fue llevada en cautiverio a causa de su desobediencia
al pacto. Dios restaura a Sion por medio del Mesías. Salvación, sanidad y liberación vinieron a Sion.

El corazón de Sion ama a los rechazados y marginados. Las iglesias de Sion traen liberación y sanidad al rechazado.

A los creyentes con corazón de Sion les encanta encontrarse con Dios

A los creyentes con corazón de Sion les encanta comparecer delante de Dios. Al corazón de Sion le encanta encontrarse con Dios
y ver su rostro.

Irán de poder en poder; verán a Dios en Sion.

—Salmos 84:7

Mi alma tiene sed de Dios, del Dios vivo; ¿cuándo vendré, y
me presentaré delante de Dios?

—Salmos 42:2

El corazón de Sion le da la bienvenida a ser examinado. Los creyentes de Sion son abiertos y honestos delante del Señor. Los creyentes de Sion son transparentes. El corazón de Sion es un corazón transparente.

> Escudríñame, oh Jehová, y pruébame; examina mis íntimos pensamientos y mi corazón.
>
> —Salmos 26:2

Los creyentes con corazón de Sion tienen el favor de Dios

Sion disfruta del favor de Dios. Los creyentes de Sion andan en favor divino. Una revelación de favor cambiará su vida.

> Te levantarás y tendrás misericordia de Sion, porque es tiempo de tener misericordia de ella, porque el plazo ha llegado.
>
> —Salmos 102:13

Dios favoreció a Sion sobre cualquier otra ciudad. Dios escogió a Sion. Dios redimió y restauró a Sion a causa del favor. El favor es gracia. Usted es Sion. La gracia es multiplicada en su vida.

Usted es favorecido por Dios. Yo le llamo a esto la fuerza del favor. El favor cambiará dramáticamente su vida y generará grandes avances. El favor suelta misericordia. La misericordia es la benevolencia de Dios.

El favor es uno de mis temas favoritos de la Escritura. Muchas cosas atraen el favor de Dios. Humildad, sabiduría, justicia, oración, adoración, fe y dar pueden todas atraer el favor a usted como un imán. La gloria también es un imán de favor. Sion es un lugar de favor. Defino 'favor' como la disposición de Dios de usar su poder y habilidad a su favor.

David recibió favor. El favor le dio victoria (Salmos 41:11). El favor puede rodearlo como un escudo (Salmos 5:12). El favor puede durar toda una vida (Salmos 30:5). El favor causó que su monte fuera afirmado con fuerza (Salmos 30:7). El favor causa promoción (Salmos 89:17). Usted necesita confesar favor. Al final de este capítulo hay algunas confesiones de favor, las cuales puede usar a diario para incrementar el favor de Dios en su vida.

Los creyentes con corazón de Sion son canales de la gloria

El Señor edifica a Sion. El Señor aparece en su gloria en Sion. Las iglesias de Sion son llenas de gloria.

> Por cuanto Jehová habrá edificado a Sion, y en su gloria será visto.
>
> —SALMOS 102:16

Isaías capítulo 60 describe la gloria de Sion. Este capítulo está lleno de verdades asombrosas con respecto a Sion. Las características de Sion incluyen brillar, elevación, riqueza, atracción, belleza, hijos e hijas (posteridad), excelencia, mejora, restauración, incremento, abundancia, multiplicación, fuerza, paz (shalom), luz, revelación, honor, favor y bendición.

Los creyentes con corazón de Sion son canales de la gloria. El corazón de Sion está comprometido con la gloria de Dios. El corazón de Sion le da gloria a Dios.

> Tributad a Jehová, oh familias de los pueblos, dad a Jehová la gloria y el poder.
>
> —SALMOS 96:7

Los creyentes con corazón de Sion son dadores

> Dad a Jehová la honra debida a su nombre; traed ofrendas, y venid a sus atrios.
>
> —SALMOS 96:8

Los creyentes de Sion son dadores. Traen ofrendas y honor al Señor. Vienen a sus atrios con sacrificio. El corazón de Sion es un corazón sacrificado.

Los creyentes con corazón de Sion tienen un corazón para la oración gozosa

> Yo los llevaré a mi santo monte, y los recrearé en mi casa de oración; sus holocaustos y sus sacrificios serán aceptos sobre

mi altar; porque mi casa será llamada casa de oración para
todos los pueblos.

—Isaías 56:7

Sion es el lugar de la oración gozosa y fuerte. Las iglesias de
Sion son iglesias que oran. Isaías 56 es una palabra que anima a
los extranjeros y a los eunucos a venir a Sion. Tendrían un lugar
en la casa de Dios. Vendrían con oración y sacrificio al monte
santo.

La oración en Sion es gozosa. La oración no es una lucha. La
oración no es algo que hacemos por religiosidad. La oración en
Sion se disfruta. Sion es el lugar para los intercesores y los profetas
que oran. Usted es Sion. Usted se recrea en la oración.

La casa de oración sería para todas las naciones. Jesús habló este
versículo cuando expulsó a los cambistas del templo (Mateo 21:12).
La gente no era atraída al templo por lo que pasaba allí. Los ciegos
y los cojos vinieron al templo y Él los sanó.

Esta es una palabra para los marginados. Dios los acepta y les
da un nombre en Sion. Sion es un lugar para el rechazado y mar-
ginado. Esto es lo que me encanta de Sion. Sion abre sus puertas a
las personas que otras ciudades rechazarían.

Entonces no solo vienen a Sion, sino también se recrean en la
oración. Sus sacrificios son aceptados. La oración es un privilegio
y honor para todos los que vienen a Sion. Dios no solo les dio la
bienvenida a los judíos, sino también le dio la bienvenida a extranjeros y eunucos.

Y el extranjero que sigue a Jehová no hable diciendo: Me
apartará totalmente Jehová de su pueblo. Ni diga el eunuco:
He aquí yo soy árbol seco.

—Isaías 56:3

Un árbol seco es un emblema de lo que es estéril, inútil, poco
fructífero. Por la ley de Moisés tales personas no podían ser in-
tegrados o contados en la congregación del Señor (Deuteronomio
23:2). El sentido aquí es que, a partir de ese momento no serían

sujetos a las discapacidades religiosas y civiles a las que lo habían estado. Estas barreras externas al privilegio pleno entre el pueblo de Dios, serían removidas. Todas las clases y rangos serían admitidos con los mismos privilegios; todos estarían en el mismo nivel.[8]

Los creyentes con el corazón de Sion aman los caminos de Dios

Sion es el monte de Dios. Sion es el lugar donde aprendemos los caminos de Dios y cómo andar en sus sendas. El corazón de Sion ama los caminos de Dios y sus sendas.

> Acontecerá en lo postrero de los tiempos, que será confirmado el monte de la casa de Jehová como cabeza de los montes, y será exaltado sobre los collados, y correrán a él todas las naciones. Y vendrán muchos pueblos, y dirán: Venid, y subamos al monte de Jehová, a la casa del Dios de Jacob; y nos enseñará sus caminos, y caminaremos por sus sendas. Porque de Sion saldrá la ley, y de Jerusalén la palabra de Jehová.
>
> —Isaías 2:2–3

Este es el clamor del corazón de Sion: conocer y andar en las sendas de Dios. Las Escrituras tienen mucho que decir acerca de la senda que tome en la vida. Sus sendas determinan su destino y su caminar.

Usted es Sion. Dios le enseñará sus sendas.

> Muéstrame, oh Jehová, tus caminos; enséñame tus sendas.
>
> —Salmos 25:4

Usted es Sion. Usted anda en sus caminos y es bendecido.

> Bienaventurado todo aquel que teme a Jehová, que anda en sus caminos.
>
> —Salmos 128:1

Usted es Sion. Dios lo guardará de resbalar.

> Sustenta mis pasos en tus caminos, para que mis pies no resbalen.
>
> —Salmos 17:5

Usted es Sion. Dios lo guía en los caminos correctos.

> Confortará mi alma; me guiará por sendas de justicia por amor de su nombre.
>
> —SALMOS 23:3

Usted es Sion. Dios le mostrará las sendas de la vida.

> Me mostrarás la senda de la vida; en tu presencia hay plenitud de gozo; delicias a tu diestra para siempre.
>
> —SALMOS 16:11

Los creyentes de Sion son los que restauran calzadas para morar. Las sendas abandonadas son abiertas por medio de los creyentes de Sion. Reconstruimos las ruinas antiguas. Levantamos los cimientos de muchas generaciones. Reparamos los portillos. Esta es otra imagen de reconstrucción y restauración. Usted es Sion. Ha sido restaurado. Sus portillos han sido reparados.

> Y los tuyos edificarán las ruinas antiguas; los cimientos de generación y generación levantarás, y serás llamado reparador de portillos, restaurador de calzadas para habitar.
>
> —ISAÍAS 58:12

El corazón de Sion ama las sendas derechas. El corazón de Sion odia las sendas torcidas. El corazón de Sion ama los senderos de misericordia, rectitud y verdad.

> Y haced sendas derechas para vuestros pies, para que lo cojo no se salga del camino, sino que sea sanado.
>
> —HEBREOS 12:13

El corazón de Sion es un corazón perfecto. La palabra 'perfecto' en el versículo siguiente significa 'completo' y 'entero'.[9]

Dios busca la Tierra por el corazón de Sion.

> Porque los ojos de Jehová contemplan toda la tierra, para mostrar su poder a favor de los que tienen corazón perfecto

para con él. Locamente has hecho en esto; porque de aquí en adelante habrá más guerra contra ti.

—2 Crónicas 16:9

Dios se muestra fuerte a favor de los que tienen corazón de Sion.

Entenderé el camino de la perfección cuando vengas a mí. En la integridad de mi corazón andaré en medio de mi casa.

—Salmos 101:2

Los creyentes de Sion son los favoritos de Dios

Dios ama las puertas de Sion, lo cual significa que cuando usted está en Sion Dios lo ve de manera distinta. Este es un amor especial que Él tiene por usted. Sé que hemos sido enseñados que Dios ama a todos por igual, pero la Biblia dice: «A Jacob amé, mas a Esaú aborrecí» (Romanos 9:13).

Sé que queremos creer que Dios ama a todos por igual, pero no es así. Dios amó a David y rechazó a Saúl. Sé que Dios es amor. Entiendo eso, pero Dios tiene sus favoritos. No para decir que Dios hace acepción de personas, sino que Dios no hace diferencia con base en quién es usted. Usted no impresiona a Dios. Pero Dios tiene favoritos y Dios escoge.

Es lo mismo con cómo usted tiene alimentos favoritos. Cuando se prepara para ordenar una comida, usted no solo ve el menú para decir simplemente: «Tráigame cualquier cosa». Usted escoge lo que le gusta. Le encantan ciertos alimentos y usted escoge eso.

Dios escoge y favorece a Sion. Cuando usted entra a Sion hay un amor especial que usted experimenta toda su vida. Dios se moverá a su favor, peleará por usted y lo bendecirá. Dios lo promoverá. Dios pasará de largo a otros para llegar a usted porque ve a Sion. Eso es lo que busco.

Si usted quiere bendiciones especiales e inusuales, si quiere obtener lo que no sea común, y si quiere recibir más que bendiciones comunes, entonces usted debe ser nacido en Sion. Dios bendice a muchas personas. Reina sobre el justo y el injusto. Pero, de nuevo, si quiere esas bendiciones poco comunes, esas bendiciones selectas, y si quiere lo mejor del trigo, no puede ser como todos los demás. No puede cantar como todos los demás. No puede hablar como todos los demás. No puede adorar como todos los demás. Tiene que entrar a Sion.

Si quiere ir a ese siguiente nivel, donde Dios favorece, escoge, promueve y lo bendice; el lugar donde Dios lo multiplica y lo incrementa; entonces entre a Sion. Si quiere estar donde Dios lo protege y lo ve y sonríe, entonces obtenga el corazón de Sion. Necesita desarrollar un corazón de Sion si quiere estar en un lugar donde Dios dice: «Muy bien, ese de allí, no se metan con él. Si se meten con ese, se meterán en problemas. Ese es uno de mis favoritos justo allí. No comiencen una pelea con ellos porque yo peleo sus batallas. Déjenlos en paz».

La Escritura dice que Dios ama las puertas de Sion más que todo (Salmos 87:2). Eso significa que Dios ama algunos lugares más que otros, lo cual significa que ama las puertas de Sion más que todas las demás moradas. Podríamos querer pensar que Dios ama a todos por igual, y ama al malvado tanto como ama al justo. Estoy aquí para decirle que no es así. ¿Cómo puede ser? ¿Me quiere decir que Dios no ve diferencia entre mí y el malvado? ¿Entre mí y el asesino? ¿Hago todo para vivir santo y limpio, y obtengo la misma bendición que el asesino? No.

La Biblia dice: «Deléitate asimismo en Jehová, Y él te concederá las peticiones de tu corazón» (vea Salmos 37:4), y: «Porque sol y escudo es Jehová Dios; gracia y gloria dará Jehová. No quitará el bien a los que andan en integridad» (Salmos 84:11). Hay una diferencia entre limpio y no limpio, santo y no santo, y justo e injusto. Hay una diferencia entre un creyente de Sion y uno que no lo es. Corazón de Sion, quiero darle lo mejor de Dios. Quiero que experimente milagros y avances especiales. Cuando Dios lo vea, quiero que su favor y su luz brille en usted.

Oraciones por un corazón de Sion

Señor, dame un corazón de Sion.

Señor, que tu amor esté sobre mi vida porque yo soy Sion.

Señor, que yo beba de los manantiales de Sion. Que esté satisfecho con el agua, el río y el espíritu que fluye en Sion.

Señor, gracias. He encontrado a Sion. Me quedaré en Sion todos los días de mi vida. No me iré. Es el lugar de mi reposo.

Señor, que tu bendición venga a mi vida en Sion. Haz grandes cosas para mí, cosas inusuales y especiales porque yo soy Sion. Tengo un corazón de Sion.

Señor, dame una revelación de Sion y lo que significa ser Sion. Que yo lleve un estilo de vida de Sion.

Gracias, Señor, por darme un corazón de Sion. Lo creo hoy. Lo confieso hoy. Lo recibo hoy, en el nombre de Jesús.

Confesiones por el favor de Sion

Yo soy Sion.

Dios favorece a Sion.

Tengo favor con Dios y con los hombres.

Tengo abundancia de favor.

Llevo la corona del favor.

Ando en la senda del favor.

Llevo el manto del favor.

Bebo de la fuente del favor.

Cosecho del campo del favor.

Vivo por el río del favor.

Estoy cubierto por la inundación del favor.

Estoy abrumado por una avalancha de favor.

Mi copa rebosa de favor.

Yo saco agua del pozo del favor.

Soy impactado por los vientos del favor.

Soy revivido por el aliento del favor.

Soy empapado por la lluvia de favor.

Vivo bajo la nube de favor.

Soy refrescado por el rocío de favor.

Soy un recipiente del favor del Rey.

Camino en favor extraordinario.

Vivo con favor inusual.

Obtengo favor ridículo.

Disfruto favor extremo.

Cuento con toda una vida de favor.

Cosecho montones de favor.

Nunca careceré de favor.

Siempre incrementaré en favor.

Tengo una unción de favor.

Tengo dones o talentos que traen favor.

Mis relaciones son favorecidas.

Soy rico en favor.

Tengo fuerte fe para favor.

Estoy rodeado de favor.

El favor me localiza.

El favor es mi porción en la vida.

Disfruto de favor financiero.

Tengo favor en mi ciudad.

Tengo megafavor.

El favor fluye de mi vida como un río.

Siembro favor.

Disfruto nuevo favor.

Recibo la Palabra de favor.

Cantaré acerca del favor.

Alabo al Señor a causa del favor.

Vengo al trono a recibir favor.

Camino en la revelación del favor.

Entiendo el favor.

La sabiduría me da favor.

Me asocio con los que son favorecidos.

Soy altamente favorecido.

El favor es multiplicado en mi vida.

Capítulo 6

ADORACIÓN: EL PORTAL AL ÁMBITO DE LA GLORIA

Metieron, pues, el arca de Jehová, y la pusieron en su lugar en medio de una tienda que David le había levantado; y sacrificó David holocaustos y ofrendas de paz delante de Jehová.

—2 SAMUEL 6:17

L A ADORACIÓN ES el portal a la gloria de Dios, y los creyentes de Sion aman la gloria. El corazón de Sion ama la verdadera adoración. David tenía un corazón de Sion, y David era un adorador. David estableció adoración en Sion. Colocó el arca de Dios bajo una tienda y designó a las familias levíticas de Asaf, Hemán y Jedutún para adorar con instrumentos y profecía (1 Crónicas 25). David estableció la adoración profética. La adoración de Israel fue establecida por David y los profetas Gad y Natán (2 Crónicas 29:25). El corazón de Sion ama la palabra y el cántico proféticos.

Después de años de ministerio y de estar involucrado en la adoración, he concluido que los músicos y los cantores deberían poder profetizar. Hemos separado la música de la profecía en muchas iglesias, pero en la Palabra de Dios están conectadas. Siempre he tenido un fuerte enfoque sobre lo que David estableció en Sion.

En 1 Crónicas 16:37, 41–42 se nos dice cómo David construyó un modelo profético para adoración y alabanza:

> Y dejó allí, delante del arca del pacto de Jehová, a Asaf y a sus hermanos, para que ministrasen de continuo delante del arca, cada cosa en su día [...] y con ellos a Hemán, a Jedutún y a los otros escogidos declarados por sus nombres, para

glorificar a Jehová, porque es eterna su misericordia. Con ellos a Hemán y a Jedutún con trompetas y címbalos para los que tocaban, y con otros instrumentos de música de Dios; y a los hijos de Jedutún para porteros.

En 1 Crónicas 25, David estableció la adoración con tres familias proféticas: las familias de Asaf, Hemán y Jedutún. Los padres de estas familias eran profetas (videntes) y sus hijos también profetizaban con instrumentos. David colocó a Asaf y a sus hermanos delante del arca para ministrar de continuo. Asaf era un músico levítico. Él y su hermano profetizaban con instrumentos delante del arca (1 Crónicas 25:1–7).

Muchos músicos en nuestras iglesias nunca han sido activados en lo profético. Muchos tienen habilidades, pero no operan en ningún nivel de profecía. Esto necesita cambiar si queremos ver la gloria de Dios en nuestra adoración. Necesitamos músicos fuertes capaces de profetizar. Necesitamos cantores quienes también puedan profetizar.

David, el adorador, también era un profeta. Dios usó a profetas—David, Gad y Natán—para establecer la adoración de Israel.

> Puso también levitas en la casa de Jehová con címbalos, salterios y arpas, conforme al mandamiento de David, de Gad vidente del rey, y del profeta Natán, porque aquel mandamiento procedía de Jehová por medio de sus profetas.
>
> —2 CRÓNICAS 29:25

Los músicos y los cantores, y todos los demás, deberían anhelar profetizar (1 Corintios 14:1). No es suficiente solo tocar un instrumento o aprender y tocar canciones. Los músicos y los cantores necesitan moverse por inspiración. Un 'profeta' era definido simplemente como un hombre o mujer inspirados.[1] 'Profetizar' simplemente significa hablar, cantar o jugar por inspiración.[2]

Los músicos impuros tienen espíritus impuros. Los espíritus, sean limpios y edificantes o impuros y demoniacos, se pueden transmitir por la música como podemos ver en el ejemplo de David al tocar para Saúl. Su música tenía una influencia tan santa que echaba fuera los espíritus malignos de Saúl (vea 1 Samuel 16:23). La música es una fuerza poderosa. Satanás tiene a los músicos en la mira. La música afecta a todos en la iglesia. Todo el que entra es expuesto a la música. Es sabio para los intercesores orar por el departamento de música e incluso orar por los instrumentos musicales.

Los músicos proféticos entienden que son llamados. Esto pone una exigencia mayor sobre ellos para vivir un estilo de vida de santidad. No solo tocan música en la iglesia para recibir un salario. No es solo un trabajo para ellos. Es un llamado divino. Necesitan estudiar la Palabra, orar, ayunar y fluir en el Espíritu como cualquier otro creyente. Es tiempo de levantar el estándar. Los músicos deberían tocar música en la que la gloria de Dios pueda habitar.

Los músicos proféticos pueden llevar a toda la congregación al fluir profético. Esto fue lo que sucedió en 1 Samuel 10:5–6 cuando Saúl se encontró a una compañía de profetas que tocaban instrumentos musicales y profetizaban. Saúl también comenzó a profetizar en la presencia del Señor entre ellos.

LA ADORACIÓN DE SION ES GLOBAL

El deseo de Dios para las naciones es adoración. En otras palabras, la adoración en Sion no se limitaría a un lugar físico, sino que sería mundial, en cada nación y entre todos los pueblos. Los salmistas profetizaron el día en el que ahora vivimos al decir:

> Se acordarán, y se volverán a Jehová todos los confines de la tierra, y todas las familias de las naciones adorarán delante de ti.
>
> —Salmos 22:27

> Toda la tierra te adorará, y cantará a ti; cantarán a tu nombre. *Selah.*
>
> —Salmos 66:4

Todas las naciones que hiciste vendrán y adorarán delante de
ti, Señor, y glorificarán tu nombre.

—Salmos 86:9

En otras palabras, Sion consistiría en todas las naciones. La
adoración sería global. No hay fronteras geopolíticas para la adoración. La Tierra es llena del conocimiento de la gloria del Señor
como las aguas cubren la mar.

MÁS ALLÁ DE LO FÍSICO

Sion fue la elección de Dios. La habitación de Dios ya no es un
lugar físico.

Porque Jehová ha elegido a Sion; la quiso por habitación
para sí.

—Salmos 132:13

Sion es el lugar favorecido de Dios. David fue escogido por Dios,
lo mismo que su ciudad. Usted es Sion. Usted es escogido. Usted
es favorecido. Usted es la habitación de Dios a través del Espíritu.
Dios mora en nosotros.

Estas son algunas características que podemos esperar más
como adoradores de Sion en los días y los años por venir.

**Los adoradores de Sion tienen un corazón por la adoración y
lo profético**

Y David iba vestido de lino fino y también todos los levitas
que llevaban el arca, y asimismo los cantores; y Quenanías
era príncipe de la profecía de los cantores. Y llevaba David
sobre sí un efod de lino.

—1 Crónicas 15:27, jbs

El corazón de David por la adoración se puede ver a lo largo de
los salmos. Las iglesias de Sion son iglesias adoradoras. Las iglesias
de Sion son iglesias proféticas.

Mas yo por la abundancia de tu misericordia entraré en tu casa; adoraré hacia tu santo templo en tu temor.
—SALMOS 5:7

Dad a Jehová la gloria debida a su nombre; adorad a Jehová en la hermosura de la santidad.
—SALMOS 29:2

David profetizó que esta adoración sería mundial con el crecimiento y la expansión del Reino. He ministrado en más de ochenta naciones y he conocido creyentes con corazón de Sion en todo el mundo.

Se acordarán, y se volverán a Jehová todos los confines de la tierra, y todas las familias de las naciones adorarán delante de ti.
—SALMOS 22:27

Los adoradores de Sion adoran en Espíritu y en verdad

Aunque la Sion terrenal estaba en Jerusalén, nunca fue la voluntad de Dios que permaneciera solamente allí. El monte terrenal sería reemplazado con el monte espiritual.

Jesús le dijo: Mujer, créeme, que la hora viene cuando ni en este monte ni en Jerusalén adoraréis al Padre […] Mas la hora viene, y ahora es, cuando los verdaderos adoradores adorarán al Padre en espíritu y en verdad; porque también el Padre tales adoradores busca que le adoren. Dios es Espíritu; y los que le adoran, en espíritu y en verdad es necesario que adoren.
—JUAN 4:21, 23–24

La Jerusalén terrenal ya no sería el lugar de adoración. La verdadera adoración es en la nueva Sion. El corazón de Sion ama la adoración que es en Espíritu y en verdad. Sion no es un lugar de adoración carnal. Sion es un lugar de adoración dirigida y ungida por el Espíritu Santo. Sion es el monte santo del Señor. Dios busca adoradores con un corazón de Sion.

Exaltad a Jehová nuestro Dios, y postraos ante su santo monte, porque Jehová nuestro Dios es santo.

—Salmos 99:9

Y acontecerá que los de las familias de la tierra que no subieren a Jerusalén para adorar al Rey, Jehová de los ejércitos, no vendrá sobre ellos lluvia.

—Zacarías 14:17

Esta Jerusalén es la Nueva Jerusalén. Los que no vienen a adorar no reciben lluvia. El corazón de Sion cree en el gobierno y reinado actual del Rey. Los creyentes de Sion creen en la majestad, fuerza y poder del Rey. Cantan y declaran su majestad y esplendor.

Jehová reina; se vistió de magnificencia; Jehová se vistió, se ciñó de poder. Afirmó también el mundo, y no se moverá.

—Salmos 93:1

Los adoradores de Sion aman el cántico y el sonido nuevos

Alabanza y magnificencia delante de él; poder y gloria en su santuario.

—Salmos 96:6

Las iglesias y los creyentes de Sion cantan cánticos nuevos. El corazón de Sion ama el cántico nuevo.

Cantad a Jehová cántico nuevo, porque ha hecho maravillas; su diestra lo ha salvado, y su santo brazo.

—Salmos 98:1

A los creyentes de Sion no solo les gusta el cántico nuevo, también les gustan los sonidos fuertes. Sion es conocido por su sonido. Bienaventurado el pueblo que sabe aclamar al Señor (Salmos 89:15). La gloria de Dios produce un sonido.

Cantadle cántico nuevo; hacedlo bien, tañendo con júbilo.

—Salmos 33:3

Sion es un lugar de instrumentos. A los creyentes de Sion les gusta alabar con instrumentos musicales. Sion tiene cantores e instrumentos. Sion es una fuente de gozo (manantiales) para los creyentes de Sion.

Y cantores y tañedores en ella dirán: todas mis fuentes están en ti.

—SALMOS 87:7

Alabadle con pandero y danza; alabadle con cuerdas y flautas.

—SALMOS 150:4

Un grupo de Salmos llamados los Cánticos Graduales (Salmos 120–134) eran cantados por los adoradores mientras viajaban a Jerusalén para las fiestas anuales. El viaje natural de Israel es una imagen de nuestra ascensión espiritual en adoración. Las iglesia de Sion ascienden en adoración. El servicio continúa en un grado más alto a medida que cantamos y tocamos instrumentos. El corazón de Sion es puro y es un corazón gradual. A causa de la pureza de corazón, los creyentes de Sion ascienden en alabanza. Creen en la exaltación.

Exalten a Dios con sus gargantas, y espadas de dos filos en sus manos.

—SALMOS 149:6

Sion también es un lugar de exaltación. Alabamos al Señor en las alturas. El corazón de Sion vive en las alturas.

Alabadle con címbalos resonantes; alabadle con címbalos de júbilo.

—SALMOS 150:5

Aleluya. Alabad a Jehová desde los cielos; alabadle en las alturas.

—SALMOS 148:1

Sion está en las alturas. Venimos a la altura de Sion.

Y vendrán con gritos de gozo en lo alto de Sion, y correrán al bien de Jehová, al pan, al vino, al aceite, y al ganado de las ovejas y de las vacas; y su alma será como huerto de riego, y nunca más tendrán dolor.

—JEREMÍAS 31:12

Los adoradores de Sion son alabadores

> Se escribirá esto para la generación venidera; y el pueblo que
> está por nacer alabará a JAH.
>
> —Salmos 102:18

Hay un pueblo creado para alabar. El corazón de Sion es un corazón de alabanza. Esto no es de sorprender si consideramos que
la Sion terrenal es llamada la ciudad de David. David era conocido
por su alabanza. Las iglesias de Sion son iglesias de alabanza. No
tenemos un corazón de Sion si no alabamos.

> Cantad a Jehová, que habita en Sion; publicad entre los pue-
> blos sus obras.
>
> —Salmos 9:11

Los creyentes de Sion alaban al Señor con todo su corazón.

> Te alabaré, oh Jehová, con todo mi corazón; contaré todas
> tus maravillas.
>
> —Salmos 9:1

La alabanza es importante para Sion. Sion es un lugar de alabanza. Los creyentes de Sion son alabadores. David era un hombre
de alabanza, y trajo alabanza a su ciudad. La alabanza es uno de los
aspectos importantes de Sion. No hay Sion separada de la alabanza.

El estudio de la palabra alabanza es importante para entender
la plenitud de este tema. Todos los aspectos de la alabanza están
en Sion.

1. Halal es una raíz etimológica primaria para alabanza.
   Nuestra palabra 'aleluya' viene de esa palabra base.
   Significa ser claro, alabar, brillar, presumir, mostrar,
   celebrar, «...ser (clamorosamente) tonto».[3] Salmos
   113:1: «Aleluya. Alabad [halal], siervos de Jehová,
   alabad [halal] el nombre de Jehová».

2. Yadah es un verbo con una raíz que significa
   «reverenciar o adorar (con las manos extendidas)».[4]

Segundo de Crónicas 20:21: «...Glorificad [yadah] a Jehová, porque su misericordia es para siempre».

3. Towdah viene de la misma raíz etimológica principal como yadah, pero se usa de manera más específica. Towdah significa: «Una extensión de la mano, es decir (por implicación) afirmación o (usualmente) adoración».[5] Salmos 50:14: «Sacrifica a Dios alabanza, y paga tus votos al Altísimo».

4. Shabach significa: «Loar, alabar, cumplimentar». Esta palabra denota alabanza estrepitosa y en alta voz. A Dios le gusta la alabanza fuerte.[6] Salmos 63:3: «Porque mejor es tu misericordia que la vida; mis labios te alabarán [shabach]».

5. Barak significa: «Arrodillarse; por implicación bendecir a Dios (como un acto de adoración), saludar».[7] Salmos 95:6: «Venid, adoremos y postrémonos; arrodillémonos delante de Jehová nuestro Hacedor».

6. Zamar significa: «Tocar las cuerdas o parte de un instrumento musical, es decir, tocar sobre él; hacer música, acompañado por la voz; por lo tanto, celebrar en canción y música: dar alabanza, cantar alabanzas, salmos».[8] Zamar es una palabra hebrea que nos recuerda que a Dios le encanta la alabanza con instrumentos. Salmos 21:13: «Engrandécete, oh Jehová, en tu poder; cantaremos y alabaremos [zamar] tu poderío».

7. «Tehillah es derivada de la palabra halal y significa: "El canto de halals, o cantar o loar; se percibe que involucra música, especialmente canto; himnos del Espíritu o alabanza"».[9] Tehillah se utiliza cada vez que la palabra 'alabanza' aparece con el cántico nuevo. Salmos 22:3

«Pero tú eres santo, tú que habitas entre las alabanzas [tehillah] de Israel».

Otra palabra para alabanza es 'loar'. 'Loar' significa alabar altamente (a una persona o sus logros) en especial en un contexto público.[10] Romanos 15:11 dice: «Y otra vez: Alabad al Señor todos los gentiles, y magnificadle [loadle] todos los pueblos».

Para que cuente yo todas tus alabanzas en las puertas de la hija de Sion, y me goce en tu salvación.

—SALMOS 9:14

Tuya es la alabanza en Sion, oh Dios, y a ti se pagarán los votos.

—SALMOS 65:1

Si usted es un creyente de Sion, entonces es un alabador. David estableció alabanza en Sion. David era de Judá. Jesús es el León de Judá. Sion está en Judá, que significa alabanza.

Sino que escogió la tribu de Judá, el monte de Sion, al cual amó.

—SALMOS 78:68

Dios ama a Sion. Dios lo ama a usted. Dios escoge la alabanza (Judá). Usted es Sion, y la alabanza es su porción. Nos regocijamos en la salvación de Dios.

La alabanza se menciona 150 veces en el libro de los Salmos. Muchos salmos son atribuidos a David. Sion es la ciudad de David. Sion es la ciudad de alabanza. La alabanza incluye cantar, cánticos nuevos, danzar, clamar, regocijarse y tocar instrumentos musicales.

Grande es Jehová, y digno de ser en gran manera alabado en la ciudad de nuestro Dios, en su monte santo.

—SALMOS 48:1

Dios es en gran manera alabado en Sion. Dios es grande en Sion. Declaramos su grandeza. Dios es altamente alabado en Sion. La alta alabanza es otra característica de los creyentes de Sion.

Las altas alabanzas de Dios están en nuestra boca (Salmos 149:6). Algunas versiones traducen alta alabanza como dar voces.

> Regocíjate y canta, oh moradora de Sion; porque grande es en medio de ti el Santo de Israel.
>
> —ISAÍAS 12:6

A todos los santos se les ordena dar voces de gozo (Salmos 5:11). Batimos las manos y aclamamos con voz de júbilo y triunfo (Salmos 47:1). Dios sube con júbilo [dar voces de gozo] (Salmos 47:5) Sion es un lugar donde se dan voces.

> Alégrate mucho, hija de Sion; da voces de júbilo, hija de Jerusalén; he aquí tu rey vendrá a ti, justo y salvador, humilde, y cabalgando sobre un asno, sobre un pollino hijo de asna.
>
> —ZACARÍAS 9:9

Cantar y dar voces es normal para los creyentes de Sion. Sion da voces a causa del Rey. La salvación del Rey provoca este regocijo. A Sion se le ordena alegrarse y regocijarse con todo el corazón.

> Canta, oh hija de Sion; da voces de júbilo, oh Israel; gózate y regocíjate de todo corazón, hija de Jerusalén.
>
> —SOFONÍAS 3:14

A Sion le encantan los instrumentos musicales. Los creyentes de Sion aclaman. Tocan los címbalos resonantes (Salmos 150:5). Sion levanta la voz (Salmos 98:4).

> De esta manera llevaba todo Israel el arca del pacto de Jehová, con júbilo y sonido de bocinas y trompetas y címbalos, y al son de salterios y arpas.
>
> —1 CRÓNICAS 15:28

A los músicos de Sion se les ordena tocar bien con júbilo (con un sonido fuerte y gozoso). Los cantores y los que tocan instrumentos están en Sion (Salmos 87:7).

A David le encantaban los instrumentos musicales. David hizo instrumentos musicales para que los tocaran los levitas

(2 Crónicas-7:6; 29:26). Estos instrumentos musicales todavía se tocaban en los días de Nehemías (Nehemías 12:36).

> Además, cuatro mil porteros, y cuatro mil para alabar a Jehová, dijo David, con los instrumentos que he hecho para tributar alabanzas.
>
> —1 CRÓNICAS 23:5

Una palabra hebrea para 'alabanza' es zamar, la cual significa tañer las cuerdas.[11] David era un profeta y un músico que juntaba la música y lo profético en Sion. David profetizaba con un instrumento. También nosotros profetizamos hoy con instrumentos de música.

Sion es un lugar de profecía y música. Los creyentes de Sion profetizan. La palabra del Señor está en Sion. Usted es Sion; por lo tanto, usted es profético. Usted ama la música de Sion. Los músicos mueven la mano del Señor y provocan a los profetas (1 Samuel 10:5; 2 Reyes 3:15).

Los creyentes de Sion son guerreros que adoran

Antes de que Sion se volviera la ciudad de David, tuvo que ser conquistada. Ninguno, desde Josué hasta David, había conquistado esta fortaleza. El pueblo de Israel había ido a la tierra y expulsado a muchos habitantes, pero no habían tomado la fortaleza de Sion.

Sion era un lugar alto, establecido en los montes. Su sola posición lo hacía difícil de derrotar. Cada vez que usted tiene una posición alta, tiene una ventaja significativa sobre los ataques del enemigo. Los jebuseos habían construido a Sion como una fortaleza impenetrable la cual nadie podía conquistar hasta que David se presentó.

Requirió cierto tipo de unción tomar la fortaleza. David era un guerrero y un adorador. Tenía el tipo correcto de unción que se necesita para proseguir dentro de la presencia del Señor y recibir estrategias para tomar los territorios para el Reino. La Biblia dice que David conquistó a los jebuseos por medio de subir a través del canal de la ciudad (2 Samuel 5:8). Todo enemigo tiene una debilidad. David descubrió la debilidad de los jebuseos y conquistó su ciudad.

Recuerdo que hace años solíamos cantar una canción llamada «We Are Worshipping Warriors» [Somos adoradores guerreros]. Se requieren adoradores guerreros, un tipo de personas davídicas, para conquistar fortalezas. Así pues, ahora Sion pertenece a las personas davídicas, personas que no son solo ordinarias. Estas personas son adoradoras y guerreras. Saben cómo pelear y echar fuera demonios. Saben cómo tratar con demonios y fortalezas, pero también saben cómo bajar sus espadas. Saben cómo postrarse y adorar a Dios.

Sion es un lugar de adoradores y guerreros. Cuando esté cerca de personas de Sion, descubrirá que son personas que saben cómo pelear en el espíritu. No son personas débiles. Saben cómo atar y saben cómo desatar. Saben cómo echar fuera. Saben cómo usar su fe. No se rinden ni se espantan cuando están bajo ataque. De hecho, cuando las personas de Sion están bajo ataque, el guerrero es provocado en su interior, y no retroceden ni huyen. No renuncian ni tiran la toalla. Así que cuando busco a Sion, busco personas que saben cómo pelear, personas que han pasado por algunas batallas y desafíos. Han peleado contra algunos demonios y han conquistado algunos Goliat, osos y leones. Los creyentes de Sion son vencedores.

Usted es Sion. Por lo tanto, usted es un vencedor. Usted ha vencido la hechicería, el control, la enfermedad, los padecimientos, la pobreza, la vergüenza, el rechazo, la rebelión, la desobediencia, la lujuria y la perversión. Usted ha recibido la victoria sobre tantas áreas de su vida, y eso lo hace el adorador que es hoy.

Cuando David vino a la ciudad después de recapturar el arca, su esposa Mical lo miró y los menospreció en su corazón (2 Samuel 6:16). No podía comprender por qué David alababa y adoraba con tanta pasión. Pero David tenía tanto por qué alabar a Dios ya que era un hombre quien vencía a sus enemigos. Venció a Saúl, al oso y al león. Mató a Goliat. Y David sabía que cada victoria había venido porque Dios estaba con él. Con un corazón de profunda gratitud, David alabó a Dios como la fuente de sus victorias y liberación.

Los creyentes de Sion saben cómo orar. Saben cómo reprender a Satanás y usar su fe y echar fuera las obras del enemigo. En mi vida, antes de aprender cualquier cosa acerca de Sion y la adoración, el Señor me llevó a la liberación y la guerra espiritual. Aprendí acerca de los demonios y cómo echarlos fuera, y aprendí cómo pasar por liberación. Y aprendí cómo llevar a la gente a través de liberación. Aprendí cómo no luchar contra carne y sangre, sino contra principados y potestades (Efesios 6:12). Dios desarrolló en mí un tipo de unción guerrera, y en el momento que estoy bajo ataque, algo dentro de mí se levanta; algo es provocado. Caí en cuenta de que es porque estoy en Sion que me he convertido en el peleador que soy. Estoy en el lugar que Dios escoge; el lugar que Él bendice y defiende. Estoy en un lugar de victoria.

Cuando Dios buscaba un lugar para morar, escogió la ciudad de David porque David tenía algo que le gustaba a Dios. David era un adorador y un guerrero. De todas las personas que Dios podría haber escogido, escogió a David, un varón conforme a su corazón. Dios busca lo que yo llamo adoradores guerreros: personas que saben cómo pelear, pero que también saben cómo llorar. Saben cómo rugir, pero también saben cómo postrarse. Saben cómo tratar con los poderes del infierno, pero al mismo tiempo son maleables en sus manos. Saben cómo rendirse e inclinarse hacia la voluntad de Dios. Saben cómo andar en ternura, amor y humildad. Saben cómo ser fuertes y valientes como leones, pero también tienen la naturaleza del Cordero. Saben cómo ser vulnerables, suaves y quebrantados en la presencia de Dios. Saben cómo arrepentirse y no son demasiado orgullosos para pedir perdón cuando hacen algo mal. Pueden pasar de pelear a adorar, de hacer guerra a alabar. Esto es lo que constituye el corazón de un creyente de Sion. Este es el lugar —el corazón— donde Dios quiere morar. Estas características definían el corazón de David: un corazón conforme al de Dios.

David sabía que era un campeón y un guerrero, pero también sabía cómo inclinarse, llorar, adorar y clamar delante del Señor. Sabía cómo derramar su corazón delante de Dios. David sabía cómo resistir en contra de los poderes del infierno, pero al mismo tiempo era un hombre abierto y honesto delante de Dios. Le dijo a Dios cuáles eran sus problemas. Le dijo a Dios cuando estaba triste. Era un hombre que había vencido, y la adoración que David estableció en Sion lo demostraba.

Sion es un lugar de músicos e instrumentos, de cantores y de los que danzan. Sion es un lugar de dar voces y celebración. Sion es un lugar de libertad, gozo, victoria, revelación y gloria. Y sobre todo, Sion es un lugar de la presencia de Dios.

Así que pregúntese, ¿está en Sion? ¿Su corazón es un lugar donde Dios desea morar? ¿Su corazón está rendido a alabar y adorar, dar voces y danzar? ¿Se abandona en celebración apasionada y adoración al Rey? ¿Tiene un corazón que será implacable en expulsar al enemigo?

Es importante comprender que Dios es muy particular con respecto a donde vive. Escoge ciertos lugares y no vivirá simplemente en cualquier parte. Es asombroso cómo escogemos donde queremos vivir, pero luego pensamos que se supone que Dios debe ir a cualquier lado. Permítame asegurarle que no lo hará. Dios es exigente y ha hecho su elección clara con respecto al ambiente en el que su santidad permanecerá. Dios escoge a Sion. Dijo que sería el lugar de su morada para siempre. En otras palabras, de generación en generación, siempre escogerá a Sion. Siempre buscará un pueblo que tenga el corazón de Sion: un corazón de adoración y un corazón de alabanza porque Él habita en las alabanzas de su pueblo.

El Señor siempre está en búsqueda de usted, creyente de Sion. Desea hacerlo su habitación. Va de ciudad en ciudad, de estado en estado y de nación en nación inspeccionando corazones. Siempre en busca de Sion. Siempre está en busca de esas personas que adorarán y harán guerra. Siempre está en busca de los que pueda escoger: aquellos que han escogido agradarlo y desearlo sobre todo lo demás. Pasará de largo estados, ciudades y regiones. Irá a los confines de la Tierra hasta que encuentre un corazón de Sion.

La Biblia dice: «Porque los ojos de Jehová contemplan toda la tierra, para mostrar su poder a favor de los que tienen corazón perfecto para con él» (2 Crónicas 16:9).

Dios ha estado buscándolo a usted, Sion. Dios escoge reposar en su vida para siempre. A medida que usted tome esta identidad, y reciba y ande en la realidad de ellas en cada aspecto de su vida, verá victoria tras victoria, avance tras avance y milagro tras milagro. Usted es quien Dios desea. Usted no es ordinario; es peculiar. Usted es el lugar escogido de la morada de Dios. Reciba esta revelación de que usted es la Sion de Dios gracias a Jesús y adore incluso ahora.

DECLARACIONES DEL GUERRERO ADORADOR

Yo soy Sion. Dios se encuentra en mí. Dios mora conmigo y permanece en mi vida. Estoy listo para avances que nunca he tenido.

Yo soy Sion, y Dios me ha escogido.

Yo soy Sion. Ningún arma formada en mi contra prosperará (Isaías 54:17). Sion no conoce derrota. Sion siempre gana.

Yo soy Sion. Mayor es el que está en mí que el que está en el mundo (1 Juan 4:4).

No seré derrotado.

Tendré victoria tras victoria tras victoria todos los días de mi vida.

Yo soy Sion. Siempre gano.

Dondequiera que estoy, está Sion. Sion está aquí porque yo estoy aquí.

Cuando doy una fuerte voz, cuando elevo alabanza, cuando danzo o cuando suelto una palabra hago pedazos las fortalezas de oscuridad.

Yo soy Sion. Yo sé quién soy. Dios me ha dado una nueva identidad. No soy quien solía ser.

Yo soy Sion.

Capítulo 7

LAS BENDICIONES DE SION (PARTE 1): EL ÁMBITO DE LA GLORIA

Levántate, resplandece; porque ha venido tu luz,
y la gloria de Jehová ha nacido sobre ti.
—Isaías 60:1

ESTOY DIVIDIENDO LAS bendiciones de Sion en dos capítulos porque hay mucho que quiero compartir. En este capítulo, presentaré y definiré la gloria. Luego en el siguiente capítulo, analizaré la primera parte de Isaías 60, versículo a versículo, para destacar las bendiciones y beneficios de la gloria de Dios en su vida.

He ministrado en el ámbito de la gloria durante años y he sido movido por sus revelaciones. He visto a muchos creyentes andar en nuevos ámbitos de productividad como resultado de esta revelación y creo que usted también.

Lo primero que necesita comprender es que como creyente de Sion ha sido llamado al ámbito de la gloria. El ámbito de la gloria es el ámbito donde vive Dios. Es el ámbito del dominio, belleza, majestad, esplendor y poder de Dios. Un 'ámbito' es definido como «la región, la esfera o el dominio dentro del que cualquier cosa ocurre, prevalece o domina».[1] «Espacio ideal configurado por las cuestiones y los problemas de una o varias actividades o disciplinas relacionadas entre sí». El Reino de Dios es el ámbito de la gloria de Dios.

La gloria es un tema importante de las Escrituras. Dios Padre es el Padre de gloria; el Hijo es el Señor de gloria; y el Espíritu Santo es el glorioso Espíritu (Efesios 1:17; Romanos 6:4; Juan 1:14;

1 Pedro 4:14). Siempre fue el plan de Dios que la Tierra fuera llena de su gloria (Números 14:21). A lo largo de todas las edades, su Iglesia es una iglesia gloriosa (Efesios 3:21).

La palabra hebrea para 'gloria' es *kabowd*. *Kabowd* significa peso, abundancia, honor, gloria, esplendor, riqueza, riquezas, reverencia, dignidad.[2] La palabra griega para 'gloria' es *doxa* que significa honor, esplendor.[3] La palabra hebrea para 'belleza' es *noam*, que significa esplendor o gracia.[4] La palabra hebrea para 'majestad' es *ga'own* que significa alto, excelencia, de un rey o dignatario.[5] Otros sinónimos de gloria incluyen radiante, deslumbrante, resplandeciente y brillante.[6] Dios mora en luz inaccesible (1 Timoteo 6:16).

Hemos sido llamados a la gloria. Hemos sido llamados al Reino. Podemos vivir en el ámbito de la gloria, lo cual cambiará su vida. De la gloria provienen grandes beneficios. Nada se compara con este ámbito. Está sobre y por encima de cualquier otro ámbito.

Nuestro Dios es el Dios de gloria. El Señor es el Señor de gloria. El Espíritu es el Espíritu de gloria.

La gloria de Dios es tantas cosas. Gloria es excelencia, perfección y ser intachable. No tiene mancha, no tiene nada incorrecto ni nada maligno. Gracias a la belleza de la santidad y gloria de Dios, es inmejorable. No tiene mancha. Es perfecto en todos sus caminos (Salmos 18:30). Tocar a Dios es tocar su excelencia y perfección. No hay nada más alto o mayor.

La gloria es la fama y reputación de Dios. Nuestro Dios está sobre todos los dioses y es más famoso que todos (Salmos 95:3). Declaramos su fama y su gloria.

La gloria es la sabiduría y honor de Dios. La sabiduría sobrepasa todo, su entendimiento es infinito. Honramos al Dios de gloria. Bendecimos y hablamos muy bien de Él todos los días. Lo exaltamos para siempre.

La gloria es el poder y la fuerza de Dios. Para Él nada es imposible. Su poder es infinito. Su poder es grande.

La gloria son las riquezas y abundancia de Dios. Las riquezas le pertenecen. El oro y la plata son suyos (Hageo 2:8). Su gloria trae abundancia y prosperidad.

La gloria de Dios es su magnificencia y majestad. 'Majestad' es esplendor, excelencia, alteza y realeza.[7] La gloria de Dios es su luz. Dios es luz, y no hay ningunas tinieblas en Él (1 Juan 1:5). Su luz brilla y el ilumina con su gloria.

LA LUZ DE GLORIA

Levántate, resplandece; porque ha venido tu luz, y la gloria de Jehová ha nacido sobre ti.

—ISAÍAS 60:1

Isaías capítulo 60 describe la restauración de Sion, pero toda la profecía también es la restauración de Sion por medio de Cristo el Mesías. Isaías está profetizando acerca de la gloria de Sion en este asombroso capítulo que describe las bendiciones que le pertenecen a Sion. Las promesas de Dios a Sion son las más asombrosas hechas a cualquier ciudad y pueblo en la historia.

La primera palabra pronunciada en la profecía es 'levántate'. Cuando Isaías escribió esto, Sion (Israel) había sido juzgado por las violaciones al pacto y se fue en cautiverio a Babilonia. Esto fue un llamado para que se levantaran de un lugar bajo y se irguieran sobre el polvo (Isaías 52:2).

Pero Sion estuvo en lamento y bajo juicio por romper el pacto y derramar la sangre de los profetas. Israel lloró junto a los ríos de Babilonia (Salmos 137:1). No podían cantar los cantos de Sion en tierra extraña (Salmos 137:3–4).

Los profetas habían profetizado ese tiempo de juicio (las Lamentaciones de Jeremías mencionan a Sion quince veces), pero entonces profetizaron una gloria venidera. Esta gloria venidera sobre Sion traería salvación y bendición al mundo. Dios haría volver la cautividad de Sion y redimiría al pueblo por medio de Cristo. La misericordia de Dios sobre Sion trajo restauración.

> Cuando Jehová hiciere volver la cautividad de Sion, seremos
> como los que sueñan.
>
> —Salmos 126:1

Primero se le dice a Sion que se levante. Los sinónimos para levantarse son venir a la luz, volverse aparente, aparecer, emerger a
la superficie y brotar de pronto.[8] Dios quiere que Sion salga de las
tinieblas y la oscuridad. Este levantarse haría que Sion fuera visible
al mundo.

Luego se le dice a Sion que brille. Los sinónimos incluyen: resplandecer, radiar, emitir una luz intensa o destellar.[9] Sion brilla en
la oscuridad, es una imagen de luz e iluminación; este brillo sería
el resultado de la gloria por eso creo que Isaías 60 habla acerca de
la gloria de Sion.

Sion es glorioso. Sion lleva la gloria de Dios. La profecía de
Isaías nos da una imagen de lo que sucede cuando la gloria viene
sobre un pueblo. Las bendiciones de gloria son asombrosas y de
grandes repercusiones.

Estas bendiciones y beneficios también vendrán sobre su vida
porque usted es Sion. Usted puede levantarse. Puede brillar. La
gloria de Dios brilla en *usted*.

> Porque he aquí que tinieblas cubrirán la tierra, y oscuridad
> las naciones; mas sobre ti amanecerá Jehová, y sobre ti será
> vista su gloria.
>
> —Isaías 60:2

La gloria es luz. La gloria es la brillantez de Dios. Dios brilla
desde entre los querubines (Salmos 80:1), y su rostro brilla sobre
nosotros. Esta es una imagen de la bendición y favor de Dios. Dios
brilla desde Sion (Salmos 50:2). La gloria lo hace atractivo. Lo
hace destacarse.

La gloria es luz e iluminación. Como Dios es luz, la gloria es la
esencia de Dios, quien es luz. La luz produce claridad, vista y visión. La gloria de Dios traerá perspectiva, sabiduría, conocimiento

y entendimiento a su vida. Trae revelación, para que entendamos las cosas ocultas, los misterios de Dios.

La luz es una manifestación de la gloria. La gloria es brillantez, resplandor y brillo. Jesús es la luz. Jesús es la luz de nuestra vida. Jesús es la gloria y la luz de Dios dentro de nosotros. Su gloria resplandece en las tinieblas. Los que están en tinieblas son atraídos y vienen a la luz.

La oscuridad es ignorancia, tinieblas y sombra. Las tinieblas son falta de sabiduría. La gente anda a tientas en las tinieblas. La oscuridad es una falta de dirección y propósito. Pero la gloria abruma las tinieblas y las expulsa.

> El sol nunca más te servirá de luz para el día, ni el resplandor de la luna te alumbrará, sino que Jehová te será por luz perpetua, y el Dios tuyo por tu gloria. No se pondrá jamás tu sol, ni menguará tu luna; porque Jehová te será por luz perpetua, y los días de tu luto serán acabados.
> —Isaías 60:19–20

Usted es Sion. Usted es una luz y resplandece en las tinieblas. Usted refleja la luz del cielo, y la luz de Sion llena la Tierra a través de usted.

La gloria es hermosa

La gloria también es la hermosura y esplendor de Dios. Nada ni nadie es más hermoso que Dios. El ámbito de la gloria es un ámbito de zafiro, esmeralda, topacio, rubí y diamante.[10] La gloria brilla. La gloria es resplandor, mayor que el de las piedras preciosas.

La belleza de la gloria es lo que hace que Dios nos sea atractivo. Su gloria nos atrae a Él. Su gloria asombra y deslumbra. Las naciones son atraídas a la belleza de la gloria de Dios. Todas son atraídas a contemplar, adorar y postrarse.

Sion es llamada la perfección de la belleza de Dios (Salmos 50:2) y a medida que su gloria venga a su vida, usted será hermoseado. Será fortalecido. Será hecho más estable.

Los árboles del Líbano son otra imagen de gloria:

> La gloria del Líbano vendrá a ti, cipreses, pinos y bojes juntamente, para decorar el lugar de mi santuario; y yo honraré el lugar de mis pies.
>
> —Isaías 60:13

Líbano es conocido por su belleza y sus árboles. Los árboles representan fuerza, estatura y altura. Los árboles son estables y fuertes:

> Florecerá profusamente, y también se alegrará y cantará con júbilo; la gloria del Líbano le será dada, la hermosura del Carmelo y de Sarón. Ellos verán la gloria de Jehová, la hermosura del Dios nuestro.
>
> —Isaías 35:2

La gloria del Líbano es incluso dada al desierto de Sion. La belleza, el esplendor y la majestad de la gloria de Dios viene a su vida. Aunque fuera como un desierto, la gloria de Dios lo hace hermoso y majestuoso.

La gloria también causa que vea la excelencia y la belleza de Dios en todo a su alrededor. Esto hará que usted vea a través de ojos de hermosura. Provocará que no se desanime ni se amargue cuando vea defectos en otros y en usted mismo.

Puede desanimarse si ve una imperfección, y el infierno trata de decirle eso para soltar desolación en su vida. Por eso el creyente de Sion fija sus ojos en Dios. Se libera de imágenes falsas, mentiras destructivas y barreras en el pensamiento que lo limitan.

Dios tiene belleza para usted. Esta bendición que viene a usted trae fuerza, vida y belleza. Usted es el lienzo de Dios y Él pinta una obra maestra en su vida. Usted será un reflejo vivo de su creatividad y esplendor.

El Líbano también es conocido por sus cedros majestuosos. Esto representa crecimiento, abundancia y bendición. Otras versiones de la Biblia traducen Isaías 35:2 como belleza o verdor. La versión en inglés Contemporary English Version dice: «Serán tan majestuosos como el monte de Líbano». La Traducción en Lenguaje

Actual dice: «Dios le dará al desierto la belleza del monte del Líbano». La Nueva Traducción Viviente dice: «Los desiertos se pondrán tan verdes como los montes del Líbano».

Crecemos como los cedros del Líbano (Salmos 92:12). Esos árboles están llenos de savia (humedad) (Salmos 104:16). Dios planta los cedros en el desierto (Isaías 41:19). Estas escrituras retratan a los cedros como descripciones de exaltación y bendición. Incluso Salomón habló del cedro (1 Reyes 4:33). Por lo cual, el cedro es una imagen de sabiduría. El cedro también es una imagen de limpieza y frescura (Levítico 14:4).

Los cedros del Líbano son conocidos por su altura. La gloria hace que crezcamos, lo cual trae altura y estatura a nuestra vida. No somos arbustos; somos cedros. El cedro también es una imagen de excelencia (Cantares 5:15). Los cedros brindan fuerza a la casa (Cantares 1:17).

Comience a creer y a confesar que la gloria del Líbano viene hacia usted.

LA GLORIA ES EXCELENTE Y GOZOSA

La gloria nos libera de rechazo, y nos hace que nos convirtamos en una gloria eterna.

> En vez de estar abandonada y aborrecida, tanto que nadie pasaba por ti, haré que seas una gloria eterna, el gozo de todos los siglos.
>
> —ISAÍAS 60:15

'Gloria' se trata de tener una calidad extraordinaria o valiosa. La gloria es lo más alto. Cuando uno tiene gloria, sobrepasa a todos los demás. La gloria puede ser usada como referencia a la excelencia, virtud, dignidad, valía o superioridad. Sion es una excelencia eterna. Usted es Sion. Usted tiene la gloria y la excelencia.

La palabra traducida como gloria, también podría significar: excelencia, dilatado, ascendiente, superabundancia, honor, belleza, majestad, levantado y elevación. La palabra griega para 'gloria' es *hupercoché* la cual significa «prominencia, preeminencia (superior)» y «una proyección [...] como la cima de un monte».[11] Sion se destaca. Usted es Sion. Usted se destacará.

La gloria de Dios es excelente (2 Pedro 1:17). La gloria es suprema. La gloria es majestuosa. La gloria de Dios trae excelencia a su vida.

Esta excelencia va aunada con gozo. Sion es el gozo de muchas generaciones, y el gozo del Señor es nuestra fuerza (Nehemías 8:10). Tenemos oleo de gozo (Isaías 61:3). Obtenemos gozo y alegría (Isaías 35:10). Poseemos la doble porción u honor (Isaías 61:7). Damos voces de júbilo (Salmos 5:11). En la presencia de Dios hay plenitud de gozo (Salmos 16:11). Ofrecemos sacrificios de júbilo (Salmos 27:6).

Sion es llamada el gozo de toda la Tierra (Salmos 48:2). Sion es la ciudad del gozo. Las personas de Sion son gente de gozo. El Reino de Dios es gozo (Romanos 14:17). Bienaventurado el pueblo que sabe aclamar al Señor con júbilo (Salmos 89:15). Nos regocijamos por su gloria (Salmos 149:5).

LA GLORIA ES RICA Y ABUNDANTE

Y mamarás la leche de las naciones, el pecho de los reyes mamarás; y conocerás que yo Jehová soy el Salvador tuyo y Redentor tuyo, el Fuerte de Jacob.

—ISAÍAS 60:16

La leche representa nutrición y grosura. La leche representa riqueza (mantequilla). Los bebés son alimentados con la leche de su madre. La leche produce fuerza y crecimiento. Sion mama los pechos (riquezas) de reyes. Sion recibe las bendiciones de los pechos (Génesis 49:25).

Una de mis palabras hebreas favoritas es *El Shaddai*. Dios se reveló a Abraham como *El Shaddai*: el Dios Todopoderoso (Génesis 17:1). La palabra hebrea *shaddai* proviene de dos raíces etimológicas. La primera es una palabra raíz que significa 'poderoso'.

La segunda raíz significa 'pecho' o 'alimentador y sustentador'. El Antiguo Testamento utiliza *El Shaddai* cuarenta y ocho veces».[12] Los collados fluirán leche en el Reino (Joel 3:18). Esta es otra imagen de abundancia y bendición. Porque usted es Sion, es alimentado. Bebe con abundancia. Es sostenido por Dios.

> ...para que maméis y os saciéis de los pechos de sus consolaciones; para que bebáis, y os deleitéis con el resplandor de su gloria.
>
> —ISAÍAS 66:11

La leche también es una imagen de gloria (riquezas, abundancia, satisfacción, deleite, liberalidad) así como consuelo. La Nueva Biblia Latinoamericana de Hoy llama a esto «su seno abundante». Sion es un lugar de bendiciones abundantes, y usted es Sion. Usted disfruta bendiciones abundantes. Usted tiene abundancia y satisfacción.

LA GLORIA NOS LIBERA A PAZ Y PROSPERIDAD

Shalom es otra de mis palabras hebreas favoritas. Suele traducirse como «paz», pero tiene un significado más profundo y rico. *Shalom* significa «seguro, es decir (de modo figurado): bien, feliz, amigable; también (de modo abstracto) bienestar, es decir: salud, prosperidad, paz [...] (buena) salud, prosperidad, reposo, seguridad, saludo, bienestar, bien».[13]

La Amplified Bible en inglés dice: «Y [en lugar de la tiranía del presente] pondré como tus administradores la paz» (Isaías 60:17). No tendrá tiranos que lo gobiernen. No será oprimido. La paz (*shalom*) será su gobernante.

La paz trae prosperidad. El nombre de Salomón viene de la palabra raíz *shalom*.[14] El reino de Salomón fue de paz y prosperidad. Salomón fue un tipo de Cristo y su Reino. Sion es un lugar de paz, prosperidad y sabiduría. Usted es Sion. Usted está lleno de paz. Usted es próspero.

Dios extiende la paz a Sion como un río (Isaías 66:12). La gloria de las naciones viene a Sion como un arroyo que fluye. La paz fluye en su vida. Hay un río que le trae un fluir constante de paz. Isaías 66:12 en la versión Dios Habla Hoy dice: «Yo haré que la paz venga sobre ella como un río, y las riquezas de las naciones como un torrente desbordado». El río de Dios en su vida es un río de paz y prosperidad.

En Isaías 60:17 en la Nueva Biblia Latinoamericana de Hoy dice: «Y como tus gobernantes la justicia». La gloria nos libera de los gobernantes injustos. No vivimos bajo déspotas y tiranos.

La rectitud es justicia. La justicia se convierte en su gobernante. En otras palabras, no vivirá bajo líderes y gobernantes injustos. Usted es Sion. Usted es libre de los gobernantes malvados e injustos. Usted no será sujeto a crueldad y maltrato. Este es otro nivel de paz en el que el creyente de Sion puede vivir (vea Proverbios 29:2; 1 Timoteo 2:1–2).

Sion es un lugar para el gobierno y reinado de Cristo. Este es el Reino de Dios. Sion es súbdito del gobierno de Cristo. La justicia es el cetro del Reino (Hebreos 1:8). Usted es Sion. Usted vive bajo el gobierno de la justicia.

Esta paz trae otras dos bendiciones:

La violencia, el desperdicio y la destrucción serán removidas de su vida

> Nunca más se oirá en tu tierra violencia, destrucción ni quebrantamiento en tu territorio, sino que a tus muros llamarás Salvación, y a tus puertas Alabanza.
>
> —Isaías 60:18

La violencia, el quebrantamiento y la destrucción son enemigos de la paz y la prosperidad. Nadie quiere vivir en una tierra plagada por la violencia. La violencia produce temor, enojo, amargura y odio.

A Satanás le encanta la violencia y el quebranto, pero usted es Sion. Usted es redimido del engaño y la violencia (Salmos 72:14). Usted es librado del varón violento (Salmos 18:48). Usted es redimido de la destrucción (Salmos 103:4). Los destructores se apartarán de usted de prisa (Isaías 49:17). Sus destructores y asoladores se van y se alejan.

Usted es Sion. No será saqueado. No es un botín. No será devorado por el enemigo. Usted es libre de violencia. Sus territorios están llenos de paz y de lo mejor del trigo (Salmos 147:14).

Se erigirán en su vida muros de salvación y puertas de alabanza

Usted es Sion y sus muros son salvación. La palabra griega para 'salvación' es *sozo*, y significa: «Guardar, mantener sano y salvo, rescatar del peligro o la destrucción; salvar a uno que sufre (de perecer), es decir: uno que sufre de enfermedad, recuperar, sanar, restaurar a la salud; preservar a uno que esté en peligro de destrucción, salvar o rescatar; liberar de los castigos del juicio mesiánico; salvar de los males que obstruyen la recepción de la liberación mesiánica».[15]

Los muros protegen de la invasión externa. Usted es Sion y está protegido. Tiene muros. No está indefenso. La salvación nos protege del mal.

'Salvación' significa liberación.[16] Como Sion es liberada y protegida, eso significa que usted es librado de los planes y ataques del infierno. Usted ha sido liberado del poder de las tinieblas (Colosense 1:13).

Dentro de los muros de Sion están las puertas de alabanza. Las puertas representan acceso. Isaías 60:18 (NTV) dice: «La salvación te rodeará como las murallas de una ciudad y la alabanza estará en los labios de todos los que entren allí». Los que vienen a Sion vienen con alabanza. Usted entra a la ciudad por medio de la alabanza. La alabanza le da acceso. Entramos por sus puertas con acción de gracias y a sus atrios con alabanza (Salmos 100:4).

La alabanza abre sus puertas a las bendiciones de Dios. Recuerde, sus puertas están abiertas de continuo. Somos llamados a alabar a Dios de continuo (Salmos 34:1).

Herede la tierra y glorifique a Dios

Y tu pueblo, todos ellos serán justos, para siempre heredarán la tierra; renuevos de mi plantío, obra de mis manos, para glorificarme.

—Isaías 60:21

La tierra que Dios prometió es el lugar de promesa, bendición, herencia, el Reino, abundancia, shalom, prosperidad, agua, refresco, fuerza, poder, riqueza, desbordamiento, vida, crecimiento, gloria, presencia, favor, salvación, liberación, seguridad, protección, alabanza y reposo. Usted entra a esta tierra por medio de la paciencia, esperar, confiar y tener fe.

Salmos 37 es el salmo que habla acerca de heredar la tierra. Los mansos heredarán la tierra. Los justos heredan la tierra. Los que confían en el Señor heredan la tierra (Salmos 37:3). Los que esperan en el Señor y guardan su camino son exaltados para heredar la tierra (Salmos 37:34).

En el Antiguo Testamento la tierra significaba todo para los hebreos. Cada tribu, excepto Leví, tenía una porción. Dios le prometió la tierra a Abraham y a su simiente. Se les dijo que entraran y expulsaran al enemigo. Vivir en la tierra en paz era el resultado de la bendición de Dios, y cuando fueron juzgados, fueron removidos de la tierra.

Jesús era la verdadera simiente de Abraham. Nosotros somos la simiente de Abraham por medio de Cristo (Gálatas 3:29). Heredamos la tierra por medio de Cristo. Entramos a la bendición a través de la fe en Cristo.

La tierra es una imagen de Cristo y el Reino, una tierra que fluye con leche y miel. Como usted es Sion, usted hereda la tierra. Usted hereda las promesas de Dios.

Estamos plantados en la tierra. Estamos arraigados y cimentados en la fe. Dios es glorificado por nosotros al vivir en la tierra.

CONFESIONES DE SALMOS 37

No me impaciento a causa de los malignos.

Confiaré en el Señor y haré el bien.

Habitaré en la tierra y seré apacentado.

Me deleito en el Señor.

Recibo los deseos de mi corazón.

Encomiendo al Señor mi camino.

Exhibirá mi justicia como la luz, y mi derecho como el mediodía.

Guardo silencio ante el Señor y espero en Él.

Dejo la ira y desecho el enojo.

Heredaré la tierra.

Andaré en mansedumbre y heredaré la tierra.

Me recreo en abundancia de paz.

El Señor me sostiene.

Mi heredad es para siempre.

No seré avergonzado en el mal tiempo.

Seré saciado en los días de hambre.

Soy bendito y heredaré la tierra.

Mis pasos son ordenados por el Señor. El Señor sostiene mi mano.

Tengo misericordia y presto y mi descendencia es para bendición.

Me aparto del mal y hago el bien, y viviré para siempre.

Heredaré la tierra y moraré en ella para siempre.

La ley de Dios está en mi corazón, por tanto, mis pies no resbalarán.

Espero en el Señor y guarda mi camino.

Seré exaltado para heredar la tierra.

Veré cuando sean destruidos los pecadores.

Soy íntegro y justo, y tengo un final dichoso porque soy un hombre de paz.

Mi salvación es del Señor, y Él es mi fortaleza en tiempo de angustia.

El Señor me ayudará y me librará de los impíos y me salvará por cuanto espero en Él.

Capítulo 8

LAS BENDICIONES DE SION (PARTE 2): NO PUEDE QUEDARSE PEQUEÑO

Ensancha el sitio de tu tienda, y las cortinas de tus habitaciones sean extendidas; no seas escasa; alarga tus cuerdas, y refuerza tus estacas. Porque te extenderás a la mano derecha y a la mano izquierda; y tu descendencia heredará naciones, y habitará las ciudades asoladas.
—Isaías 54:2–3

L A GLORIA DE Dios rompe las limitaciones de su vida para que pueda extenderse y alargarse. Sion es la tienda alargada de Israel. Si usted es un creyente de Sion, ¡necesita hacer espacio!

Era rumbo a finales de 2017 cuando Dios me habló su palabra: «No puedes quedarte pequeño». Había estado meditando en Isaías capítulo 60 durante muchos años, pero comenzó a llevarme más profundo a lo que eran sus pensamientos para su pueblo a medida que crecieran en entendimiento de lo que su gloria significa para ellos.

Déjeme decir esto: No hay nada malo con comenzar pequeño. No menosprecie el día de las pequeñeces (Zacarías 4:10) porque con frecuencia cuando comenzamos en pequeño, estamos comenzando en un lugar de humildad. Apenas estamos aprendiendo. Somos nuevos o novicios, de alguna manera ingenuos e incluso todavía más, somos enseñables y Dios nos bendecirá. No obstante, deberíamos esperar que a medida que permanecemos fieles, Él nos incrementará. No debemos resistir el efecto que la gloria de Dios tiene en nosotros. Cuando la gloria viene, podemos esperar expandirnos y crecer. Hay consecuencias para nuestro disfrute de la vida en Dios cuando resistimos la expansión que viene con su gloria.

Brian Houston, el pastor fundador de Hillsong Church, dice esto: «La pequeñez dentro de un hombre (la pequeñez de pensamiento y de espíritu) encogerá su mundo, encogerá a sus hijos y encogerá su potencial».[1] Dios no quiere que permanezcamos pequeños. Está bien comenzar en pequeño. Simplemente no se quede pequeño. Así que si siente como que ha estado en un lugar pequeño —insignificante, pasado por alto, ignorado, sin poder, sin influencia, sin plataforma, sin voz o sin finanzas— sepa que la voluntad de Dios es que incremente, se expanda y se alargue.

Una manera de obtener incremento en su vida es la gloria de Dios. Cuando la gloria viene sobre una ciudad, nación, comunidad, iglesia, individuo; cuando un individuo tiene acceso a la presencia de Dios, la Shekinah de Dios, no hay límite para el crecimiento y la expansión que Dios traerá. Muchas cosas suceden cuando se encuentra con la gloria de Dios, y una manera de hacer esto es por medio de la adoración. La adoración es el portal para entrar al ámbito de la gloria.

Como hemos aprendido, los creyentes de Sion son adoradores. La adoración de Sion debería ser profética, y debería traer la presencia de Dios. Cuando entra al ámbito de la gloria, usted experimenta sanidad, milagros, palabras proféticas, avances, salvaciones, liberaciones y más. Los creyentes de Sion aman la gloria de Dios porque es un ámbito donde nada es imposible.

No muchas iglesias prosiguen al ámbito de la gloria y dejan mucho que desear en cuanto a lo sobrenatural. Quizá sea por restricciones de tiempo que no prosiguen o porque simplemente no lo desean. Dos canciones rápidas, dos lentas en un domingo y luego continúan con lo que sigue. Pero algunas veces requiere tiempo para que ese ámbito se abra. Algunas veces se abre con rapidez. Otras veces uno tiene que pasar tiempo prosiguiendo por fe y fluyendo con el Espíritu de Dios.

La gloria del Señor debe ser algo que deseemos. En Salmos 27:4, David dijo: «Una cosa he demandado a Jehová, ésta buscaré; que esté yo en la casa de Jehová todos los días de mi vida, para contemplar la hermosura de Jehová, y para inquirir en su templo». Como hemos descubierto, la belleza del Señor es su gloria, que es una de las primeras características que lo llevará a alargarse. La belleza de la gloria del Señor atraerá personas a usted, causando que se ensanche.

En este capítulo, nos moveremos por Isaías 60 y aprenderemos cómo la gloria de Sion viene a su vida y lo promueve, lo incrementa y lo ensancha. Los creyentes de Sion no pueden quedarse pequeños en la gloria. La gloria del Señor alarga e incrementa la capacidad del corazón y la mente del creyente de Sion, y lo prepara para expansión.

LA GLORIA ATRAERÁ A LAS PERSONAS A USTED

Levántate, resplandece; porque ha venido tu luz, y la gloria de Jehová ha nacido sobre ti. Porque he aquí que tinieblas cubrirán la tierra, y oscuridad las naciones; mas sobre ti amanecerá Jehová, y sobre ti será vista su gloria.

—Isaías 60:1–2

Cuando la gloria viene, lo lleva a levantarse. La palabra 'levántate' significa incrementar, venir a una elevación más alta, ser promovido.[2] La luz de la gloria lo llevará a brillar a ser atractivo para la gente de influencia. Serán atraídos por su luz, las naciones, los gentiles, vendrán a su luz —reyes, gobernantes, jefes, directores generales, aquellos con autoridad, poder, influencia— vendrán como un imán a la gloria emitida por su vida.

Recibirá favor, patrocinio, colaboraciones, proyectos gloriosos, ayuda y bendiciones continuas. Habrá gente que vendrá a su vida cuando se levante y resplandezca porque usted lleva la gloria de Dios. No tendrá que reclutar a nadie. La gloria los traerá.

El versículo 3 dice: «Y andarán las naciones a tu luz, y los reyes al resplandor de tu nacimiento». Los gentiles eran los que estaban fuera de Israel. Eran las personas que no tenían pacto, los incircuncisos. Vendrían a la luz de Sion.

Reyes vendrían. Los reyes representan a personas de influencia. Los reyes son los que tienen autoridad y seguidores. La reina de Sabá fue atraída por la gloria y sabiduría del reino de Salomón. Vino desde los confines de la Tierra para escuchar la sabiduría de Salomón (1 Reyes 10:1; Mateo 12:42).

Jesús es mayor que Salomón. Jesús vive dentro del creyente. La gente viene a la gloria que está sobre usted y en usted por medio de Cristo. Los gentiles representan a las naciones. Dios ama a las naciones y desea que vengan a la luz. Sion tenía que levantarse y resplandecer. Esto es lo que sucede cuando se levanta y resplandece. Los que están en tinieblas verán y vendrán a usted. Este es su llamado. Usted es Sion.

LA GLORIA INCREMENTA LA UNCIÓN DE REUNIÓN

Alza tus ojos alrededor y mira, todos éstos se han juntado, vinieron a ti; tus hijos vendrán de lejos, y tus hijas serán llevadas en brazos.

—ISAÍAS 60:4

La gloria hace que la gente se le reúna, que venga a usted. Hay una unción de reunión que viene cuando la gloria viene. Esto se aplica a su vida y a las iglesias que entran en el arca—la presencia de Dios, la gloria de Dios—en medio de su servicio y ministerio. Esto se trata de desarrollar una cultura de gloria, honor, alabanza, adoración, majestad, esplendor y la luz de Dios en su vida, ministerio, empresa o a lo que Dios lo haya llamado.

Será la luz de la gloria de Dios la que hará que la gente se reúna a su alrededor. Esta es una imagen de influencia y poder. La gente se reúne por ver la gloria. Vienen a la gloria a ser salvos y liberados. No vienen con las manos vacías. Vienen listos para darse y presentarse a Sion.

La habilidad de reunir gente es una señal de la unción y los dones de Dios. Las multitudes se reunieron a Cristo de toda Galilea. Los enfermos se reunían para ser sanados. Los desesperanzados vienen a recibir esperanza. Los ignorantes se reúnen para ser enseñados. La gente se reunía para escuchar la predicación del evangelio, y se reunieron a Jesús para recibir milagros.

En la segunda mitad del versículo 4, vemos que la gloria trae hijos e hijas, que para su vida podría significar la gente que necesita mentores y entrenamiento para vivir conforme a su propósito. Como la gloria de Dios también es la sabiduría de Dios, la gente será atraída a su sabiduría cuando la gloria de Dios venga sobre su vida.

LA GLORIA DE DIOS ENSANCHARÁ LA CAPACIDAD DE SU CORAZÓN

Entonces verás, y resplandecerás; se maravillará y ensanchará tu corazón, porque se haya vuelto a ti la multitud del mar, y las riquezas de las naciones hayan venido a ti.

—ISAÍAS 60:5

Cuando la gloria viene, ensancha su corazón. Este versículo es de donde viene la revelación «no puedes quedarte pequeño». La Nueva Versión Internacional traduce «...y ensanchará» como: «...vibrará tu corazón y se henchirá de gozo». Otras traducciones dicen que su corazón se estremecerá de alegría, latirá de emoción y rebosará de alegría. En otras palabras, sucederán muchas cosas muy rápido hasta que nuestro corazón salte de alegría.

Esta profecía habla de la abundancia que viene a Sion. Las riquezas o fuerzas (*chayil*) de las naciones vienen a Sion. *Chayil* es una palabra hebrea muy poderosa. *Chayil* con frecuencia se traduce como riqueza. La explicaré más tarde en el capítulo 10 ya que se relaciona con su identidad de Sion.

La gloria de Sion alarga su fe, su mente, su visión y su capacidad. La gloria de Dios viene con todo eso, y usted debe tener espacio para recibirlo y abrazarlo. Su habilidad para soñar y cómo piense necesita ser alargada para manejar el incremento y la expansión que viene de la gloria. El versículo dice: «...porque se haya vuelto a ti la multitud del mar, y las riquezas de las naciones hayan venido a ti». La palabra 'riquezas' en el hebreo es *chayil* (riqueza) que se traduce en otras versiones como 'fuerza'.[3] Así que la abundancia y la riqueza viene a su vida y su corazón es ensanchado para recibir todo eso a causa de la gloria.

La palabra «corazón» en el versículo 5 es sinónimo de mente, entendimiento, voluntad y pensamiento.[4]

LA GLORIA ATRAERÁ MULTITUDES

En el versículo 6 dice: «Multitud de camellos te cubrirá; dromedarios de Madián y de Efa; vendrán todos los de Sabá; traerán oro e incienso, y publicarán alabanzas de Jehová». Observe la frase «la multitud de camellos». La palabra «multitud» representa incremento, y la «multitud de camellos» representa una caravana.

Prediqué un mensaje una vez llamado «Ya vienen su camellos». Una caravana de camellos en el Medio Oriente representaba riqueza, prosperidad y dones. ¿Recuerda cómo la reina de Sabá vino a Salomón con caravanas de riqueza, y cómo le trajo especias y otros dones preciosos? Sabá es otra imagen de riqueza que viene a Sion de lejos. La reina de Sabá vino de los confines de la Tierra para tener comunión con Salomón (Lucas 11:31; Mateo 12:42). Vino con un séquito muy grande de especies y cosas valiosas para darle a Salomón (1 Reyes 10:2).

Muchos creen que Sabá venía de Etiopía. Ella representa a la gente que viene de lejos para alabar al Señor en Sion. Los dromedarios son camellos. Los camellos son otro símbolo de bendición. Los camellos representan una caravana. Las caravanas son utilizadas en el comercio y representan riqueza y prosperidad. Los que sean buscados recibirán caravanas de bendiciones. Dígalos en alta voz: «No quiero un cubo de bendiciones. No quiero una cucharada de bendición. ¡Quiero los camellos! Quiero que rebose».

Multitud de camellos te cubrirá; dromedarios de Madián y de Efa; vendrán todos los de Sabá; traerán oro e incienso, y publicarán alabanzas de Jehová.

—Isaías 60:6

Esta idea de multitudes o caravanas de camellos que lo cubran tiene que ver con la riqueza y la abundancia que viene a su vida como resultado de la gloria.

Otra palabra que habla de incremento se encuentra en el versículo 7, donde dice: «Todo el ganado de Cedar será juntado para ti». El ganado puede representar ovejas, iglesias o miembros de la iglesia. Dios quiere ensanchar nuestras iglesias. Las iglesias pueden y deben crecer y experimentar multiplicación. Cuando la gloria de Dios llega a una iglesia, traerá ganado. Traerá rebaños.

LA GLORIA CAUSARÁ QUE LAS BENDICIONES Y LA PROSPERIDAD VENGAN A SU VIDA

No se requiere mucho tiempo para que las bendiciones lleguen cuando la gloria viene. Las bendiciones vendrán volando hacia usted.

¿Quiénes son éstos que vuelan como nubes, y como palomas a sus ventanas?

—Isaías 60:8

Esta es una imagen de bendiciones que vienen rápidamente. La gloria acelera el proceso. La gloria puede provocar que las personas adecuadas se muevan con rapidez en su dirección.

Me encanta cómo la paráfrasis en inglés The Message traduce Amós 9:13–15, al conectarse con este beneficio de la gloria:

«Así es, no tardará ahora.» El decreto de Dios.

«Las cosas sucederán tan rápido que tu cabeza nadará, una cosa rápida tras otra. No podrás seguirles el paso. Todo sucederá al mismo tiempo; ¡y habrá bendiciones adondequiera que mires! Bendiciones como vino derramándose de los montes y los collados. Restauraré todo de nuevo para mi pueblo Israel».

La prosperidad (plata y oro) también comenzará a llegar. Isaías 60:9 dice:

> Ciertamente a mí esperarán los de la costa, y las naves de Tarsis desde el principio, para traer tus hijos de lejos, su plata y su oro con ellos, al nombre de Jehová tu Dios, y al Santo de Israel, que te ha glorificado.

La gloria siempre trae prosperidad. El oro y la plata le pertenecen a Dios (Hageo 2:8). Dios llena la casa con su gloria.

LA GLORIA RECONSTRUIRÁ SUS MUROS

> Y extranjeros edificarán tus muros, y sus reyes te servirán; porque en mi ira te castigué, mas en mi buena voluntad tendré de ti misericordia.
>
> —ISAÍAS 60:10

Esta es una imagen de restauración donde ha existido desolación y destrucción. Después de la cautividad en Babilonia, Nehemías regresó a reparar y reconstruir los muros de Jerusalén y el pueblo se reunió para ayudarlo. La gloria trae gente a su vida para reconstruir sus muros.

Los muros de Sion son reconstruidos. Usted es reconstruido por medio del ministerio de aquellos que envía Dios. Los lugares rotos en usted son restaurados. Los creyentes de Sion son creyentes restaurados. Sion es fuerte. Sion está protegido. Sion es una ciudad con muros (Apocalipsis 21:17–18).

En Apocalipsis, el muro de la ciudad santa está hecho de jaspe. Según el diccionario bíblico Easton's, el jaspe proviene de la palabra hebrea *yashpheh*, que significa «reluciente».[5] Es una gema de varios colores, una de las doce insertadas en el pectoral del sumo sacerdote (Éxodo 28:20). Es nombrado en la construcción de la Nueva Jerusalén (Apocalipsis 21:18; 21:19). «Era "preciosísima", "diáfana como el cristal" (21:11). Era emblemática de la gloria de Dios (4:3)».[6]

En otras palabras, nuestros muros son gloriosos y hermosos.

Nuestros muros son preciosos y valiosos. Nuestros muros son resplandecientes y brillantes. Esta es la belleza y la gloria de Sion. Nuestros muros también son como fuego:

> Yo seré para ella, dice Jehová, *muro de fuego en derredor*, y para gloria estaré en medio de ella.
>
> —ZACARÍAS 2:5, ÉNFASIS AÑADIDO

Aquí, el profeta Zacarías menciona un muro de fuego. El fuego es otra imagen de gloria y protección. La Nueva Biblia Latinoamericana de Hoy dice: «... una muralla de fuego en derredor...». La Nueva Traducción Viviente dice: «... un muro de fuego protector alrededor...».

LA GLORIA LO ABRIRÁ A MÚLTIPLES BENDICIONES

Cuando los hebreos fueron llevados en cautiverio, las puertas de Jerusalén fueron destruidas y quemadas a fuego (Nehemías 1:3). Las puertas estaban asoladas (Lamentaciones 1:4). Sus puertas fueron echadas por tierra (Lamentaciones 2:9). Pero Nehemías vino y restauró las puertas. Las puertas de Sion ahora son hermosas y fuertes. Usted es Sion. Usted tiene puertas fuertes y hermosas.

> Tus puertas estarán de continuo abiertas; no se cerrarán de día ni de noche, para que a ti sean traídas las riquezas de las naciones, y conducidos a ti sus reyes.
>
> —ISAÍAS 60:11

Las puertas de Sion están abiertas de continuo. Las puertas abiertas representan acceso. No se podía entrar a una ciudad a menos de que las puertas estuvieran abiertas. Múltiples bendiciones tienen acceso a su vida.

Como mencioné anteriormente (y continuaré hablando de eso en capítulos futuros), «riquezas» es la palabra hebrea *chayil. Chayil* significa abundancia y riquezas. La mayoría de las traducciones usan la palabra 'riqueza'. La riqueza viene a Sion. Usted es Sion. La riqueza viene a usted.

Sion, el monte de Dios, es regado de bendiciones. El riego

representa abundancia, un derramamiento, una precipitación. Sion es bendecido. Y como usted es Sion, usted es el recipiente de múltiples bendiciones. El cielo hará llover bendiciones sobre su vida.

> Y daré bendición a ellas y a los alrededores de mi collado, y haré descender la lluvia en su tiempo; lluvias de bendición serán.
>
> —EZEQUIEL 34:26

La versión Amplified Bible en inglés traduce esto como: «Habrá [abundante] lluvia de bendición (favor divino)». Los creyentes de Sion viven en un cielo abierto.

LA GLORIA PROVOCARÁ QUE SEA EXALTADO POR ENCIMA DE LOS QUE LO HAN AFLIGIDO

> Porque la nación o el reino que no te sirviere perecerá, y del todo será asolado [...] Y vendrán a ti humillados los hijos de los que te afligieron, y a las pisadas de tus pies se encorvarán todos los que te escarnecían, y te llamarán Ciudad de Jehová, Sion del Santo de Israel.
>
> —ISAÍAS 60:12, 14

Dios manda gente que venga a bendecir a Sion. Los que se rebelen son juzgados. Que palabra tan aleccionadora. Las naciones no tienen opción. Este es el mandato de Dios. Usted es Sion. Dios ha ordenado que gente lo bendiga.

Para los que han afligido a Sion, se voltea la tortilla cuando viene la gloria. Los que afligieron a Sion vendrían a someterse. Ya no afligirían. La aflicción y la opresión ya no son la porción de Sion. Sion ahora tiene la prominencia y la autoridad; Sion ahora gobierna.

Como usted es Sion, ya no está bajo aflicción. Está ahora en una nueva posición de poder y autoridad. Usted está ahora por encima de sus enemigos. Isaías 54:11 dice: «Pobrecita, fatigada con tempestad, sin consuelo; he aquí que yo cimentaré tus piedras sobre carbunclo, y sobre zafiros te fundaré».

LA GLORIA LO MEJORARÁ

En vez de bronce traeré oro, y por hierro plata, y por madera bronce, y en lugar de piedras hierro; y pondré paz por tu tributo, y justicia por tus opresores.

—ISAÍAS 60:17

La gloria trae un nuevo nivel de prosperidad. Hay una mejora de nivel en la gloria. 'Subir de nivel' significa «mejorar la calidad o utilidad de algo, o elevar algo o a alguien a una posición o rango más alto».[7]

Vamos de bronce a oro. Vamos de hierro a plata. Vamos de madera a bronce, y de piedras a hierro. Hay un incremento en valor cuando viene la gloria. Hay un incremento en riqueza y prosperidad.

LA GLORIA LO CONDUCIRÁ AL ÁMBITO DE MIL

Isaías 60:22 es mi escritura favorita sobre este tema: «El pequeño vendrá a ser mil, el menor, un pueblo fuerte. Yo Jehová, a su tiempo haré que esto sea cumplido pronto».

El número mil también representa incremento. Escribí un pequeño libro sobre el tema del mil que analiza la manera en que Dios multiplica, incrementa y bendice a su pueblo. Estos son los beneficios de la gloria. Las bendiciones de la gloria —multitudes, bendición, abundancia, alargamiento, camellos, rebaños, ganado, mil— todas vienen como resultado de la gloria.

EL ÁMBITO DE LA GLORIA SE ENCUENTRA CON EL ÁMBITO DE LO MEGA

La ciudad se halla establecida en cuadro, y su longitud es igual a su anchura; y él midió la ciudad con la caña, doce mil estadios; la longitud, la altura y la anchura de ella son iguales.

—APOCALIPSIS 21:16

Caer en cuenta de que ha nacido en Sion, y que Sion ha nacido en usted, usted debería entender que la expansión de la Sion celestial es simbólica de la expansión a la que Dios quiere estirar su corazón. Simplemente leer acerca del inmenso tamaño de la Nueva Jerusalén es impresionante. En Apocalipsis 21:15–16, el ángel mide la ciudad con una vara o caña de oro y lo registra como 12 000 estadios de base y 12 000 estadios de alto. Un estadio, que también es llamado un furlong suele ser considerado de 185 metros o 607 pies, así que la base tiene dimensiones de 2220 km por 2220 km, o 1380 millas por 1380 millas.[8]

Esta no es una ciudad ordinaria. Esta es una megaciudad. Tiene espacio para multitudes de generación en generación. Sion se extiende a la mano derecha y a la mano izquierda (Isaías 54:3). Usted es Sion. Usted es mega.

Mega proviene de la palabra griega *megas* que significa grande, en particular de espacio y sus dimensiones respecto a masa y peso, grande, espacioso, gran estatura y edad, numeroso, abundante, eminente por habilidad, virtud, autoridad, poder; cosas altamente estimadas por su importancia, de gran peso, una cosa altamente estimada por su excelencia, espléndida, preparado a gran escala, majestuoso, de las bendiciones preeminentes de Dios.[9]

Sion es los suficientemente grande para recibir las fuerzas (*chayil*) de las naciones. Las puertas siempre están abiertas. Vienen multitudes. La abundancia viene. La ciudad de Dios es la más grande; ninguna ciudad terrenal se puede comparar. El ámbito de la gloria es el ámbito de lo mega. Sion es la ciudad de gloria, la ciudad de mega.

Como creyente de Sion, la gloria del Señor abre el ámbito mega de Dios para usted. La magnitud de lo que Dios hará en su vida apenas se puede medir. Prepárese para ensanchar el sitio de su tienda, y que las cortinas de sus habitaciones sean extendidas (Isaías 54:2).

Hambre por la gloria: el incremento vendrá

Cuando tiene hambre continua por la gloria, y entra en el ámbito de gloria—en especial por medio de la adoración—y adora hasta que la gloria venga, el incremento exponencial de Dios estará disponible para usted. Cuando usted se vuelve parte de la gloria, adoración, esplendor y la majestad de Dios, tal ensanchamiento de su visión y su corazón vendrá. Esta exposición a la gloria y el poder de Dios traerá tal bendición e incremento. No puede permanecer siendo el mismo cuando la gloria de Dios invade su vida.

Dios lo trae a un lugar más grande gracias a su gloria en el arca alrededor del cual usted centra su vida. Como creyente de Sion, usted escoge lo que Dios escoge, usted tiene un corazón conforme al de Dios, usted ama la adoración, y usted ama servir en los atrios del Rey de reyes. La gloria vendrá a su vida como resultado. No puede permanecer pequeño cuando la gloria de Dios llegue a su vida.

Mencioné estos versículo de Isaías 60 a lo largo de este libro (y continuaré predicando y escribiendo acerca de ellos mientras el Señor me dé revelación) porque creo que son muy importantes. Y quiero desafiarlo a reclamar estos versículos en particular a medida que entre a un nuevo derramamiento de la gloria de Dios en su vida. Medite en ellos. Créalos. Confiéselos. Desee la gloria de Dios y andar en el ámbito de la gloria para adorar allí y vivir allí. Cuando lo haga, Dios le dará los deseos de su corazón. Sus deseos de ser una influencia en el Reino, de expandir el Reino y ver multitudes venir al Reino serán concedidos. Dios lo exaltará y lo honrará y engrandecerá su nombre así como le prometió a Abraham. No puede quedarse pequeño. ¡El incremento viene!

CONFESIONES DE ENSANCHAMIENTO E INCREMENTO

Cuando la gloria llegue a mi vida,

Mi fe no se quedará pequeña.

Mi visión no se quedará pequeña.

Mis finanzas no se quedarán pequeñas.

Mi influencia no se quedará pequeña.

Mi plataforma no se quedará pequeña.

Mis ideas no se quedarán pequeñas.

Mi creatividad no se quedará pequeña.

Mi fuerza no se quedará pequeña.

Mi negocio no se quedará pequeño.

Mi favor no se quedará pequeño.

Aunque mi comienzo sea pequeño, mi postrer estado será incrementado (Job 8:7).

Mi poco se volverá como mil, y mi pequeño se volverá como una nación fuerte. El Señor lo apresurará en su tiempo (Isaías 60:22).

Señor, bendíceme y ensancha mi territorio. Que tu mano esté conmigo. Líbrame del mal (1 Crónicas 4:10).

El Señor me incrementará más y más, a mí y a mis hijos (Salmos 1115:14).

El Señor Dios de mis padres me hará mil veces más las tantas que soy. Me bendecirá, como me ha prometido (Deuteronomio 1:11).

Ensancharé el lugar de mi tienda y extenderé las cortinas de mis habitaciones. Alargaré mis cuerdas y reforzaré mis estacas. Me extenderé a la derecha y a la izquierda, y mi descendencia heredará las naciones y habitaré las ciudades desoladas (Isaías 54:1–3).

Dios me sacó a lugar espacioso. Me libró porque se agradó de mí (Salmos 18:19).

Dios ha puesto mis pies en lugar espacioso (Salmos 31:8).

Soy justo y florezco como palmera. Crezco como cedro en el Líbano (Salmos 92:12).

Clamé al Señor en mi angustia: el Señor me respondió y me puso en lugar espacioso (Salmos 118:5).

Mi dádiva me ensancha el camino y me lleva delante de los grandes (Proverbios 18:16).

Soy una rama fructífera, incluso rama fructífera junto a una fuente. Mis vástagos se extienden sobre el muro (Génesis 49:22).

Capítulo 9

EL PESO DE GLORIA

Porque esta leve tribulación momentánea produce en nosotros
un cada vez más excelente y eterno peso de gloria.
—2 Corintios 4:17

La gloria de Sion es pesada, y siendo alguien que tiene el corazón de Sion, usted lleva la gloria, la cual lo hace pesado en el espíritu. La gloria de Dios que reposa sobre su vida tiene valor y peso.

La palabra hebrea para gloria es *kabod*, que significa «pesadez» o «peso».[1] Este es un símbolo de prosperidad y riqueza. El valor del oro y de la plata es determinado por el peso. El oro y la plata también están conectados con la gloria, así como aprendimos de leer Isaías 60 cuando menciona «riquezas». La palabra 'riquezas', como hemos dicho es *chayil*, la cual también significa fuerza.

Según el Diccionario Bíblico Holman, *kabod* es: «La importancia pesada y la majestad resplandeciente que acompaña la presencia de Dios. El significado básico de la palabra hebrea *kabod* es de gran peso. El verbo con frecuencia llega a significar "dar peso, honrar"».[2]

Josh McClellan dice: «La palabra *kabod* significa peso o pesadez. Por lo tanto, para experimentar la gloria de Dios es sentir el peso de Dios. Conocer la gloria de Dios es para que Él sea pesado sobre nosotros. Es un concepto rico con varias implicaciones».[3]

Vemos peso y riqueza conectadas en el libro de Hageo:

> Y haré temblar a todas las naciones, y vendrá el Deseado de todas las naciones; y llenaré de gloria esta casa, ha dicho Jehová de los ejércitos. Mía es la plata, y mío es el oro, dice

Jehová de los ejércitos. La gloria postrera de esta casa será mayor que la primera, ha dicho Jehová de los ejércitos; y daré paz en este lugar, dice Jehová de los ejércitos.

—Hageo 2:7–9

Pablo conecta peso y gloria en su epístola a los Corintios:

Porque esta leve tribulación momentánea produce en nosotros un cada vez más excelente y eterno peso de gloria.

—2 Corintios 4:17

Jesús habló acerca de los asuntos de más peso de la ley. De más peso significa más importante o pesado:

¡Ay de vosotros, escribas y fariseos, hipócritas! porque diezmáis la menta y el eneldo y el comino, y dejáis lo más importante de la ley: la justicia, la misericordia y la fe. Esto era necesario hacer, sin dejar de hacer aquello.

—Mateo 23:23

La gloria de Dios es su peso, su pesadez y su sustancia. El peso de gloria es el peso de su presencia. Podemos ver algunas de nuestras reuniones de más peso que otras. La presencia y la gloria son más pesadas a veces. La gloria puede ser tan pesada hasta que no podemos estar de pie.

Cuando la gloria (*kabod*) viene sobre ti, piensa en ella como la unción de «peso completo». Es la unción de elevarlo y subirlo de nivel. Pero estará con el rostro aplastado en el piso cuando suceda.[4]

El peso de reyes

En el Antiguo Testamento la prosperidad de los reyes era determinada por peso. Salomón era el rey más rico de su época. Le llegaban más de seiscientos talentos de oro al año.

El peso del oro que Salomón tenía de renta cada año, era seiscientos sesenta y seis talentos de oro.

—1 Reyes 10:14

El talento era una unidad de peso y valor en Grecia, Roma y Medio Oriente. En el Antiguo Testamento, un talento era una unidad de medida para pesar metales preciosos, solían ser de oro y plata. En el Nuevo Testamento un talento era el valor de dinero o de una moneda.[5] Algunos cálculos de un talento fluctúan entre setenta y cinco y noventa y cinco libras o bien entre treinta y cuatro y cuarenta y tres kilogramos.

E Hiram había enviado al rey ciento veinte talentos de oro.
—1 Reyes 9:14

Los cuales fueron a Ofir y tomaron de allí oro, cuatrocientos veinte talentos, y lo trajeron al rey Salomón.
—1 Reyes 9:28

La reina de Sabá trajo oro por peso a Salomón. El peso de lo que ella dio determinaba su valor. La reina de Sabá dio una cantidad considerable por peso.

Y dio ella al rey ciento veinte talentos de oro, y mucha especiería, y piedras preciosas; nunca vino tan gran cantidad de especias, como la reina de Sabá dio al rey Salomón.
—1 Reyes 10:10

La corona del rey

Y quitó la corona de la cabeza de su rey, la cual pesaba un talento de oro, y tenía piedras preciosas...
—2 Samuel 12:30

David tenía una corona de oro sobre la cabeza que era medida por peso. Nosotros también podemos llevar una corona de gloria pesada.

Las palabras de un rey

Las palabras de los reyes también llevan peso. El decreto de los reyes. La palabra del rey es ley en su reino.

Pues la palabra del rey es con potestad, ¿y quién le dirá: ¿Qué haces?

—Eclesiastés 8:4

El peso y el tabernáculo

Otro lugar donde vemos la conexión entre peso y gloria es la construcción del tabernáculo en el desierto:

De un talento de oro fino lo harás, con todos estos utensilios.

—Éxodo 25:39

De un talento de oro puro lo hizo, con todos sus utensilios.

—Éxodo 37:24

Todo el oro empleado en la obra, en toda la obra del santuario, el cual fue oro de la ofrenda, fue veintinueve talentos y setecientos treinta siclos, según el siclo del santuario. Y la plata de los empadronados de la congregación fue cien talentos y mil setecientos setenta y cinco siclos, según el siclo del santuario.

—Éxodo 38:24–25

Hubo además cien talentos de plata para fundir las basas del santuario y las basas del velo; en cien basas, cien talentos, a talento por basa.

—Éxodo 38:27

El bronce ofrendado fue setenta talentos y dos mil cuatrocientos siclos.

—Éxodo 38:29

El peso y el templo

Desde la parcela de terreno a los artículos en el templo, también estaban todos conectados con el peso.

David compró la era de Ornán, la cual con el tiempo se convertiría en el sitio del templo, por seiscientos siclos de oro. El lugar del templo fue comprado por peso:

Y dio David a Ornán por aquel lugar el peso de seiscientos siclos de oro.

—1 Crónicas 21:25

Asimismo preparó David mucho hierro para la clavazón de las puertas, y para las junturas; y mucho bronce sin peso, y madera de cedro sin cuenta.

—1 Crónicas 22:3

He aquí, yo con grandes esfuerzos he preparado para la casa de Jehová cien mil talentos de oro, y un millón de talentos de plata, y bronce y hierro sin medida, porque es mucho. Asimismo he preparado madera y piedra, a lo cual tú añadirás.

—1 Crónicas 22:14

Todos los artículos del tabernáculo eran medidos por peso:

Y dio oro en peso para las cosas de oro, para todos los utensilios de cada servicio, y plata en peso para todas las cosas de plata, para todos los utensilios de cada servicio.

—1 Crónicas 28:14

Oro en peso para los candeleros de oro, y para sus lámparas; en peso el oro para cada candelero y sus lámparas; y para los candeleros de plata, plata en peso para cada candelero y sus lámparas, conforme al servicio de cada candelero.

—1 Crónicas 28:15

Los candeleros representan luz e iluminación. El peso de la gloria trae luz e iluminación.

Asimismo dio oro en peso para las mesas de la proposición, para cada mesa; del mismo modo plata para las mesas de plata.

—1 Crónicas 28:16

También oro puro para los garfios, para los lebrillos, para las copas y para las tazas de oro; para cada taza por peso; y para las tazas de plata, por peso para cada taza.

—1 Crónicas 28:17

El altar del incienso también tenía peso. El altar representa oración, adoración y sacrificio y significa que nuestras oraciones y adoración deberían ser de peso.

> Además, oro puro en peso para el altar del incienso, y para el carro de los querubines de oro, que con las alas extendidas cubrían el arca del pacto de Jehová.
>
> —1 Crónicas 28:18

> Y el peso de los clavos era de uno hasta cincuenta siclos de oro. Cubrió también de oro los aposentos.
>
> —2 Crónicas 3:9

> Y Salomón hizo todos estos enseres en número tan grande, que no pudo saberse el peso del bronce.
>
> —2 Crónicas 4:18

Cada copa y adornos de la casa de Dios tenían peso. Todos somos vasos en la casa del Señor, y nuestras oraciones, adoración y sacrificio debería llevar el peso de la gloria. Necesitamos que el peso de la gloria sea parte del templo de Dios.

Peso y restauración

El peso también aparece durante los días de Esdras. Esdras fue parte de la restauración. Esdras vivió durante la reconstrucción del templo. Pesé, peséis, pesada o peso se menciona en Esdras seis veces (vea los versículos a continuación). Hageo (un profeta de la restauración) profetizó acerca de la gloria y lo conectó con oro y plata (Hageo 2:8–9).

> Y les pesé la plata, el oro y los utensilios, ofrenda que para la casa de nuestro Dios habían ofrecido el rey y sus consejeros y sus príncipes, y todo Israel allí presente. Pesé, pues, en manos de ellos seiscientos cincuenta talentos de plata, y utensilios de plata por cien talentos, y cien talentos de oro [...] Vigilad y guardadlos, hasta que los peséis delante de los príncipes de los sacerdotes y levitas, y de los jefes de las casas

paternas de Israel en Jerusalén, en los aposentos de la casa de Jehová. Los sacerdotes y los levitas recibieron el peso de la plata y del oro y de los utensilios, para traerlo a Jerusalén a la casa de nuestro Dios [...] Al cuarto día fue luego pesada la plata, el oro y los utensilios, en la casa de nuestro Dios, por mano del sacerdote Meremot hijo de Urías, y con él Eleazar hijo de Finees; y con ellos Jozabad hijo de Jesúa y Noadías hijo de Binúi, levitas. Por cuenta y por peso se entregó todo, y se apuntó todo aquel peso en aquel tiempo.

—Esdras 8:25–26, 29–30, 33–34

Cuando viene la restauración a su vida, el peso (la riqueza, el poder y la influencia) regresa. La gloria lo hace de peso. Sion es el lugar del peso porque es el lugar de gloria.

El hombre de peso

Salmos 112 describe al hombre próspero. Abundancia y riquezas hay en su casa. Yo le llamo a este hombre el hombre de peso.

Su descendencia será poderosa en la tierra; la generación de los rectos será bendita. Bienes y riquezas hay en su casa, y su justicia permanece para siempre.

—Salmos 112:2–3

Un hombre de peso no solo es un hombre de riqueza, sino un hombre de influencia. Job era un hombre de peso: rico y de influencia. Job describe su influencia antes de caer en desgracias. Job era el hombre más rico y poderoso de su generación:

Volvió Job a reanudar su discurso, y dijo: ¡Quién me volviese como en los meses pasados, como en los días en que Dios me guardaba, cuando hacía resplandecer sobre mi cabeza su lámpara, a cuya luz yo caminaba en la oscuridad; como fui en los días de mi juventud, cuando el favor de Dios velaba sobre mi tienda; cuando aún estaba conmigo el Omnipotente, y mis hijos alrededor de mí; cuando lavaba yo mis pasos con leche, y la piedra me derramaba ríos de aceite! Cuando yo salía a la puerta a juicio, y en la plaza hacía preparar mi asiento, Los jóvenes me veían, y se escondían; y los ancianos se levantaban, y estaban de pie. Los príncipes detenían sus palabras; ponían la mano sobre su boca. La voz de los principales se apagaba, y su lengua se pegaba a su paladar. Los oídos que me oían me llamaban bienaventurado, y los ojos que me veían me daban testimonio.

—Job 29:1–11

La lámpara de Dios (luz y gloria) resplandecía sobre la cabeza de Job. Job era próspero, de influencia y respetado. Las palabras de Job llevaban peso. La gente dejaba de hablar cuando Job entraba, y cuando escuchaban sus palabras, eran bendecidos. Las palabras de Job llevaban peso.

Job describe los días en los que su gloria y honra eran frescos y constantemente renovados:

> Mi honra se renovaba en mí, y mi arco se fortalecía en mi mano.

—Job 29:20

Job sintió que perdió su peso (gloria) cuando fue atacado por Satanás:

> Me ha despojado de mi gloria, y quitado la corona de mi cabeza.

—Job 19:9

El peso de Job fue restaurado cuando Dios «quitó su aflicción» (Job 42:10).

PESO APOSTÓLICO Y PROFÉTICO

Hay un peso en el ministerio apostólico. Sus palabras y mensajes son de peso. Los dones y la unción tienen peso, así que tienen influencia y poder espirituales:

> Porque a la verdad, dicen, las cartas son duras y fuertes; mas la presencia corporal débil, y la palabra menospreciable.

—2 Corintios 10:10

Las palabras de Jesús ciertamente llevaban peso, y su unción tiene peso (Isaías 61:1).

> Y se admiraban de su doctrina, porque su palabra era con autoridad.
>
> —Lucas 4:32

> Y estaban todos maravillados, y hablaban unos a otros, diciendo: ¿Qué palabra es esta, que con autoridad y poder manda a los espíritus inmundos, y salen?
>
> —Lucas 4:36

> Respondió el centurión y dijo: Señor, no soy digno de que entres bajo mi techo; solamente di la palabra, y mi criado sanará.
>
> —Mateo 8:8

La palabra del apóstol lleva peso. Sus palabras pueden ser de peso. Estas palabras llevan fuerza de impacto. La gloria afectará nuestras palabras.

> Y ni mi palabra ni mi predicación fue con palabras persuasivas de humana sabiduría, sino con demostración del Espíritu y de poder.
>
> —1 Corintios 2:4

> Mientras aún hablaba Pedro estas palabras, el Espíritu Santo cayó sobre todos los que oían el discurso.
>
> —Hechos 10:44

La palabra del profeta lleva peso. La profecía lleva peso. La palabra profética tiene poder.

> Y los ancianos de los judíos edificaban y prosperaban, conforme a la profecía del profeta Hageo y de Zacarías hijo de Iddo. Edificaron, pues, y terminaron, por orden del Dios de Israel, y por mandato de Ciro, de Darío, y de Artajerjes rey de Persia.
>
> —Esdras 6:14

Mas yo estoy lleno de poder del Espíritu de Jehová, y de juicio y de fuerza, para denunciar a Jacob su rebelión, y a Israel su pecado.

—Miqueas 3:8

¿No es mi palabra como fuego, dice Jehová, y como martillo que quebranta la piedra?

—Jeremías 23:29

Los hombres y mujeres apostólicos de esta época tienen peso. ¿Cuál es el peso de su ministerio? ¿Cuál es el peso de su mensaje? El diccionario en línea Urban Dictionary define peso completo como:

> Alguien quien es altamente respetado o famoso debido a su profundo conocimiento de un tema académico o de influencia en la sociedad. Cuando un peso completo escribe, habla o comenta sobre su tema especializado, la gente escucha, graba, comparte y tuitea sus puntos de vista.[6]

Incluso, así como las palabras de los apóstoles y profetas conllevan peso, todos los miembros de nuestras iglesias deberían tener peso. Las iglesias de Sion tienen peso, y ese peso influencia a la gente para el Reino.

CONFESIONES DEL PESO DE GLORIA

Señor, que el peso de tu gloria descanse cobre mi vida.

Que tu pesada presencia sea sobre mi vida.

Que el peso de tu gloria sea sobre mi tabernáculo.

Que tu peso traiga riqueza a mi vida.

Que mis palabras tengan peso.

Que mis decretos tengan peso.

Que nuestras iglesias lleven el peso de tu gloria.

Que nuestra alabanza y adoración tenga peso.

Que nuestras oraciones tengan peso.

Que nuestras expresiones proféticas tengan peso.

Que nuestros mensajes tengan peso.

Que tu peso traiga influencia a mi vida.

Que sea capaz de manejar asuntos de peso.

Que el peso de tu gloria traiga grandes bendiciones.

Que el peso de tu gloria suelte liberación.

Que el peso de tu gloria suelte sanidad.

Que el peso de tu gloria traiga avivamiento.

Capítulo 10

LA AUTORIDAD Y FUERZA DEL CREYENTE DE SION

Entonces verás, y resplandecerás; se maravillará y ensanchará
tu corazón, porque se haya vuelto a ti la multitud del
mar, y las riquezas de las naciones hayan venido a ti.
—ISAÍAS 60:5

L A PALABRA HEBREA *chayil* es el secreto detrás de la fuerza, la riqueza, el poderío espiritual militar y la virtud del creyente de Sion. Un creyente de Sion sabe quién creó y gobierna su mundo. 'Gobernar' es la palabra hebrea para 'dominio', la cual significa hollar, sojuzgar, desmoronar; crear; hacer; prevalecer en contra, reinar, gobernar y tomar.[1]En otras palabras, usted como creyente de Sion, debe usar su autoridad para defender, adquirir, manejar y administrar lo que es suyo (usted mismo, su familia, sus posesiones, su riqueza y su destino) y proteger su prosperidad y dignidad personales. En este capítulo, le mostraré cómo se desempeña chayil en su vida a medida que se pone la identidad de Sion.

CHAYIL

Chayil es una palabra hebrea sorprendente que representa muchos aspectos de poder y fuerza, incluyendo riqueza. Comencé a predicar sobre esta palabra *chayil* mientras ministraba desde Proverbios capítulo 31 acerca de la mujer virtuosa. La palabra 'virtuosa' es la manera en que la Reina-Valera traduce la palabra hebrea 'chayil'. Es una de las solo tres veces en que la palabra es traducida como 'virtuosa' en la Reina-Valera:

Eshet Chayil significa «mujer de dignidad, valor o fuerza».
La frase viene de Proverbios 31:10 donde presenta un en-
comio de sus muchas virtudes. «Quién la hallará», pregunta
el autor de manera retórica. Se levanta aún de noche para
traer alimento a su casa, su lámpara nunca se apaga, su boca
está llena de sabiduría y la ley de clemencia está en su lengua
y mucho, mucho más.[2]

—Rabbi Julian Sinclair

Ish-chayil significa un hombre fuerte, un hombre valiente.[3] La
palabra para «guerrero valiente» o «poderoso guerrero» es gibbor
chayil en hebreo. Según Tim Brown, fundador del ministerio para
hombres REUP: «Es la misma palabra utilizada para describir el
poderoso grupo de valientes de David».[4]

Chayil también se traduce como 'ejército' cincuenta y seis veces.[5]
La palabra 'ejército' representa fuerza, poderío y poder. La palabra
en Isaías 60 significa abundancia y riquezas. La palabra 'fuerzas'
también trae a la mente el término 'fuerzas armadas', que se conecta
con la palabra 'ejército'. Hay muchos otros significados también:

> *Chayil* también es una palabra hebrea que es rica, poderosa
> y gloriosa. Sus muchos significados se encuentran en 243
> referencias de la Biblia como fuerza, activo, activado, va-
> lentía, poder, fuerza, dominio, ejército de élite, abundancia,
> eficiencia, digno de alabanza, excelencia, sabiduría, virtud,
> moral, dignidad, honor, habilidad, capacidad, fuerzas es-
> peciales, excelencia, poderío, tropas, hueste, valeroso, valor,
> guerreros, compañía, entrenado, noble, preferencia, favor,
> pleno, bienes, séquito, riquezas, sustancias, territorio, in-
> fluencia. Según la *Concordancia Strong's*, sus tres significados
> clave son poder, riqueza y ejército, siendo el significado más
> fuerte, ejército.[6]

—Pat Francis

CHAYIL Y SION

Como Sion es *chayil* y usted es Sion, usted es *chayil*. Las Escrituras revelan las riquezas del mundo y cómo están conectadas con la gloria y Sion. La primera vez en que aparece la palabra *chayil* en la Escritura es en Génesis 34:29. Aquí la palabra es traducida como riqueza. La palabra es traducida como «riqueza» diez veces, «riquezas» once veces y «rico» ocho veces en la Reina-Valera.[7]

Otra traducción importante de la palabra *chayil* es «valor». Un hombre *chayil* es un hombre de valor. Una mujer *chayil* es una mujer de valor. La palabra, por lo tanto, representa fuerza, poderío, poder y valentía.

Los individuos pueden poseer *chayil*. Las naciones y las ciudades pueden poseer *chayil*. Los líderes y los reyes poseen *chayil*. David, el rey, tenía *chayil*. *Chayil* proviene de Dios.

Las riquezas y la gloria proceden de ti, y tú dominas sobre todo; en tu mano está la fuerza y el poder, y en tu mano el hacer grande y el dar poder a todos.

—1 CRÓNICAS 29:12

Dios le dio a Salomón riquezas y sabiduría. La fama de Salomón era conocida a lo largo del mundo. Vino chayil a él de parte de la reina de Sabá. Salomón es un tipo de Cristo y el Reino. Salomón es una imagen de la venida de chayil a Sion.

Sino acuérdate de Jehová tu Dios, porque él te da el poder para hacer las riquezas, a fin de confirmar su pacto que juró a tus padres, como en este día.

—DEUTERONOMIO 8:18

Riquezas en este versículo es la palabra chayil. Chayil es poder financiero y fuerza. Eso es lo que viene a Sion: la riqueza de las naciones. Sion es un lugar de riqueza. Usted es Sion. Dios le da el poder de hacer las riquezas.

+ *Chayil* es valor. Valor es coraje y firmeza. Gedeón fue llamado varón valiente (*chayil*). Usted es Sion. Usted es una persona de valor.

+ *Chayil* es un ejército, una fuerza. Sion es un ejército de élite. El Señor es el Señor de los ejércitos. Sion es una fortaleza con un ejército de poderosos guerreros. Sion es un ejército con banderas (Cantares 6:4, 10). Usted es Sion. Usted es de élite.

+ *Chayil* es habilidad. Los hombres hábiles eran hombres *chayil*- Los creyentes de Sion tienen habilidad. Usted es Sion. Usted es capaz.

+ *Chayil* es influencia. Sion tiene influencia. Sion es una ciudad de influencia. Los creyentes de Sion son personas de influencia. Usted es Sion. Usted es una persona de influencia.

+ *Chayil* es sabiduría. *Chayil* es honor. La sabiduría está conectada con promoción, abundancia, riqueza y honor. Usted es Sion. Usted tiene sabiduría. Usted tiene honor.

+ *Chayil* es eficiencia «un sistema de máxima productividad con mínimo esfuerzo o gasto desperdiciado», «profesional», «competente», «productivo», «capaz», «organizado».[8] Los creyentes de *chayil* son eficientes.

DE PODER EN PODER

Irán de poder en poder; verán a Dios en Sion.

—Salmos 84:7

'Poder' en este versículo es traducido de chayil. Vamos de chayil en chayil. Hay diferentes niveles de chayil. La versión Amplified Bible en inglés traduce este versículo como: «Irán de poder en poder [incrementando en poder victorioso]». La versión de Wycliffe dice:

«...de virtud en virtud». Chayil es virtud. La virtud es poder y fuerza. Jesús sintió que salió poder de su cuerpo cuando la mujer tocó el borde de su manto (Lucas 8:46).

Dios nos ha llamado por su «gloria y excelencia» (2 Pedro 1:3). La gloria y la excelencia están conectadas en la Escritura. Las multitudes fueron sanadas porque salía poder de Él (Lucas 6:19). Sion es el lugar de virtud. Usted es Sion. Usted es virtuoso.

Chayil también significa valeroso.

> En Dios haremos proezas, y él hollará a nuestros enemigos.
>
> —SALMOS 108:13

Los creyentes de Sion son valerosos. Hacemos proezas por medio de Dios. Hollamos al enemigo a través de chayil.

Chayil significa riqueza.

> El bueno dejará herederos a los hijos de sus hijos; pero la riqueza del pecador está guardada para el justo.
>
> —PROVERBIOS 13:22

La riqueza (chayil) viene a Sion. Usted es Sion. Chayil viene a usted.

Chayil también se traduce seis veces como «poder».[9] Sion es el lugar de fuerza y poder. Las gentes traen su poderío (chayil) a Sion. Usted es Sion. Usted tiene el espíritu de poder. El Dios de Sion es el Dios poderoso.

EL ESPÍRITU DE PODER

En fechas recientes predicaba acerca de la fuerza del buey. Cuando concluí el mensaje, invité a las personas que sentían la necesidad de más fuerza a que vinieran al frente por oración y ministración. Al orar, recibí una palabra de conocimiento con respecto a 'poder'. Entonces oré que poderío sobre los creyentes para que la fuerza y el poder acompañaran la voluntad de Dios para ellos.

Un colega ministro me dijo después que su mensaje para el día siguiente era sobre el poderío apostólico. Estaba asombrado por la palabra de conocimiento con respecto al poderío y también dijo que había pocos mensajes predicados sobre este tema.

Entonces comencé a hacer un estudio sobre la fuerza y el poder y quedé asombrado de las muchas referencias de la Escritura a este tema. La profecía de Isaías con respecto a Jesús el Mesías también menciona el espíritu de poder:

> Y reposará sobre él el Espíritu de Jehová; espíritu de sabiduría y de inteligencia, espíritu de consejo y de poder, espíritu de conocimiento y de temor de Jehová.
>
> —ISAÍAS 11:2

Poder con frecuencia se traduce de la palabra hebrea *gĕbuwrah* que significa: «fuerza (literal o figurada); por implicación: valor, victoria: fuerza, dominio, poderío, poderoso (acto, fuerza), poder, fuerza. La Biblia traduce esta palabra de la siguiente manera: poderío (27x), fuerza (18x), poder (9x), actos poderosos (4x), poderoso (2x), dominio (1x)».[10]

La palabra griega para fuerza o poder es *dunamis*. *Dunamis* significa «fuerza, poder, habilidad, poder inherente, poder que reside en una cosa por virtud de su naturaleza, o lo que una persona o cosa ejerce y genera poder para realizar milagros, poder moral y excelencia de alma; el poder de influencia el cual pertenece a las riquezas y la abundancia, poder y recursos que se derivan de los números, poder que consiste en o que descansa en ejércitos, fuerzas, huestes».[11] Dunamis se utiliza 120 veces en el Nuevo Testamento y es traducido como poder (77x), obra poderosa (11x), fuerza (7x), milagro (7x), poderío (4x), virtud (3x), poderoso (2x), misceláneo (9x).[12] Examinaremos otras palabras que nos darán una mejor entendimiento de poder.

El Espíritu Santo es un Espíritu de poder. Los que han recibido el Espíritu Santo pueden operar en el espíritu de poder.

A lo largo de las siguientes varias páginas, explicaré las diferentes manifestaciones de poder y cómo se manifiesta en la vida del creyente de Sion, y estimula su fe para creer que el poder operará en su vida.

El poder bíblico está conectado con sabiduría, consejo, gloria, victoria, avance, viento, profecía, milagros, sanidad, liberación, predicar y enseñar.

El espíritu de poder no es fuerza o poder humanos, sino el poder que proviene del Espíritu Santo.

> Entonces respondió y me habló diciendo: Esta es palabra de Jehová a Zorobabel, que dice: No con ejército, ni con fuerza, sino con mi Espíritu, ha dicho Jehová de los ejércitos.
>
> —ZACARÍAS 4:6

Zacarías le profetizó a Zorobabel que lo que tendría que lograr sería por el Espíritu y no por fuerza humana. Lo que parecía imposible sería posible. Dios usa a personas insignificantes para desplegar su fuerza y poder.

El poderío es la fuerza o poder de Dios. Dios es conocido por fuerza y es llamado el Dios fuerte (El Gibbor), al igual que Jesús (Isaías 9:6).

El salmista pregunta: «¿Quién es este Rey de gloria? Jehová el fuerte y *valiente* [gibborw], Jehová el poderoso en batalla. Alzad, oh puertas, vuestras cabezas, y alzaos vosotras, puertas eternas, y entrará el Rey de gloria. ¿Quién es este Rey de gloria? Jehová de los ejércitos, Él es el Rey de la gloria. *Selah*» (Salmos 24:8–10, énfasis añadido).

> Ciñe tu espada sobre el muslo, oh valiente [gibborw], con tu gloria y con tu majestad.
>
> —SALMOS 45:3

> He aquí que Dios es grande, pero no desestima a nadie; es poderoso en fuerza de sabiduría.
>
> —JOB 36:5

En Génesis, se refieren a Dios como el Fuerte de Jacob.

Mas su arco se mantuvo poderoso, Y los brazos de sus manos se fortalecieron por las manos del Fuerte de Jacob (por el nombre del Pastor, la Roca de Israel).

—Génesis 49:24

De cómo juró a Jehová, y prometió al Fuerte de Jacob.

—Salmos 132:2

Hasta que halle lugar para Jehová, morada para el Fuerte de Jacob.

—Salmos 132:5

Sus dioses (magistrados y gobernantes) también son poderosos:

Dios está en la reunión de los dioses; en medio de los dioses juzga.

—Salmos 82:1

Dios preside la corte de los cielos; pronuncia juicio en medio de los seres celestiales.

—Salmos 82:1, ntv

Algunos creen que estos dioses (*elohim*[13]) son seres celestiales (ángeles caídos). Los ángeles también son poderosos en fortaleza (poderío).

Bendecid a Jehová, vosotros sus ángeles, poderosos en fortaleza, que ejecutáis su palabra, obedeciendo a la voz de su precepto.

—Salmos 103:20

La palabra 'poderosos' es la palabra hebrea *gibborw*, la cual significa «poderoso; por implicación: guerrero, tirano: campeón, jefe, destacado, gigante, hombre, poderoso (hombre, uno), fuerte (hombre), hombre valeroso».[14] Kurt Selles explica:

La palabra hebrea *gibbor*, significa «fuerte, poderoso», describe a Nimrod: «...el primer poderoso en la tierra. Este fue vigoroso cazador delante de Jehová» (Génesis 10:8-9), y los «valientes» guerreros del rey David de Israel (2 Samuel 23:8). Es una palabra que describe valentía, coraje y acción.

Todas estas son cualidades de gibbor del nombre compuesto El Gibbor, «Dios poderoso».[15]

El poderío se origina con Dios y se transfiere al ámbito angelical y al ámbito humano.

REYES Y PODERÍO

David, el hijo de Isaí, era conocido por ser un hombre valiente y vigoroso. El Señor estaba con él. Valiente, en este caso, tiene que ver con guerra y con pelear.

> Entonces uno de los criados respondió diciendo: He aquí yo he visto a un hijo de Isaí de Belén, que sabe tocar, y es valiente y vigoroso y hombre de guerra, prudente en sus palabras, y hermoso, y Jehová está con él.
>
> —1 SAMUEL 16:18

Conocemos más acerca del poderío de David en Salmos 18:

> Quien adiestra mis manos para la batalla, para entesar con mis brazos el arco de bronce.
>
> —SALMOS 18:34

> Pues me ceñiste de fuerzas para la pelea; has humillado a mis enemigos debajo de mí.
>
> —SALMOS 18:39

Cuando David fue ungido por Samuel, el Espíritu de poder vino sobre él. David se describe a sí mismo como habiendo sido ceñido o vestido de poder. Poder aquí es la palabra hebrea *chayil* que probablemente significa «una fuerza, ya sea de los hombres, medios u otros recursos; un ejército, riqueza, virtud, valor, fuerza: capaz, actividad, ejército, banda de hombres (soldados), compañía, (grandes) fuerzas, bienes, hueste, poderío, poder, abundancia, fuerte, rico, faldas, valiente(mente), valor, virtuoso, virtuosamente, guerra, digno, dignamente».[16] *Chayil* es traducida como riquezas en Isaías 60:5, 11. Esta palabra se aplica al poderío militar como se puede ver en el término «fuerzas armadas».

El poderío es fuerza. La fuerza es impulso o energía como un atributo de acción física o movimiento.[17] Los sinónimos para fuerza incluyen contundencia, poder, energía, poderío, potencia, vigor, músculo, esfuerzo, ejercitación, impacto, presión, peso e ímpetu.[18] La fuerza está conectada con la contundencia y el poder.

Los reyes eran conocidos por su poderío. Los reyes eran conocidos por sus ejércitos y su habilidad para pelear. David era conocido por su poderío, al igual que sus valientes.

> Estos son los nombres de los valientes que tuvo David: Joseb-basebet el tacmonita, principal de los capitanes; éste era Adino el eznita, que mató a ochocientos hombres en una ocasión. Después de éste, Eleazar hijo de Dodo, ahohíta, uno de los tres valientes que estaban con David cuando desafiaron a los filisteos que se habían reunido allí para la batalla, y se habían alejado los hombres de Israel.
>
> —2 SAMUEL 23:8–9

> Entonces los tres valientes irrumpieron por el campamento de los filisteos, y sacaron agua del pozo de Belén que estaba junto a la puerta; y tomaron, y la trajeron a David; mas él no la quiso beber, sino que la derramó para Jehová.
>
> —2 SAMUEL 23:16

Estos hombres valientes hicieron grandes proezas. El espíritu de poder que estaba sobre David también estaba sobre estos hombres valientes. Creo que el espíritu de poder y valentía puede ser impartido. La valentía le dará grandes victorias. El poder le dará la habilidad de derrotar al enemigo y ayudarlo a vencer probabilidades abrumadoras:

> Contigo desbarataré ejércitos, y con mi Dios asaltaré muros.
>
> —SALMOS 18:29

David describe su fuerza en Salmos 18 y le atribuye su poderío a Dios:

Perseguí a mis enemigos, y los alcancé, y no volví hasta acabarlos. Los herí de modo que no se levantasen; cayeron debajo de mis pies. Pues me ceñiste de fuerzas para la pelea; has humillado a mis enemigos debajo de mí. Has hecho que mis enemigos me vuelvan las espaldas, para que yo destruya a los que me aborrecen. Clamaron, y no hubo quien salvase; aun a Jehová, pero no los oyó. Y los molí como polvo delante del viento; los eché fuera como lodo de las calles.

—Salmos 18:37–42

David repetidamente se refiere a Dios como su fuerza. David era un hombre chayil.

Jehová, roca mía y castillo mío, y mi libertador; Dios mío, fortaleza mía, en él confiaré; mi escudo, y la fuerza de mi salvación, mi alto refugio.

—Salmos 18:2

Jehová es mi luz y mi salvación; ¿de quién temeré? Jehová es la fortaleza de mi vida; ¿de quién he de atemorizarme?

—Salmos 27:1

El espíritu de poder es la fuerza del Señor. No es fuerza humana, sino la fuerza que da el Espíritu de Dios. Esta fuerza era su fortaleza y protección. Esta fuerza era la clave de las victoria de David.

Josafat también era conocido por sus hazañas. Josafat era un hombre chayil.

Los demás hechos de Josafat, y sus hazañas, y las guerras que hizo, ¿no están escritos en el libro de las crónicas de los reyes de Judá?

—1 Reyes 22:45

Jehú era conocido por su valentía. Jehú fue el rey que desafió a Jezabel y que la hizo lanzar por la ventana. Se requirió valentía para derrotar y destruir a Jezabel.

Los demás hechos de Jehú, y todo lo que hizo, y toda su valentía, ¿no está escrito en el libro de las crónicas de los reyes de Israel?

—2 Reyes 10:34

Ezequías fue conocido por su poderío. Ezequías era un hombre chayil.

Los demás hechos de Ezequías, y todo su poderío, y cómo hizo el estanque y el conducto, y metió las aguas en la ciudad, ¿no está escrito en el libro de las crónicas de los reyes de Judá?

—2 Reyes 20:20

Dios también nos ha hecho reyes y sacerdotes en Sion, y gracias a que el espíritu de poder opera en reyes, el espíritu de poder le dará dominio. El espíritu de poder lo hará un campeón.

El Espíritu Santo y poder

Cuando Jesús salió del desierto después de cuarenta días de ayuno, echó fuera demonios por el poder del Espíritu Santo.

Y Jesús volvió en el poder del Espíritu a Galilea, y se difundió su fama por toda la tierra de alrededor.

—Lucas 4:14

Jesús echo fuera demonios por el Espíritu de Dios. Ató al hombre fuerte. El poderío lo hizo más fuerte que el hombre fuerte.

Pero si yo por el Espíritu de Dios echo fuera los demonios, ciertamente ha llegado a vosotros el reino de Dios. Porque ¿cómo puede alguno entrar en la casa del hombre fuerte, y saquear sus bienes, si primero no le ata? Y entonces podrá saquear su casa.

—Mateo 12:28–29

Jesús echó fuera demonios de muchos (Marcos 1:34; Lucas 4:41). La liberación sucede gracias al poder.

Jesús anduvo en el poder del Espíritu Santo a lo largo de su ministerio. Jesús fue poderoso en palabra y obra.

Entonces él les dijo: ¿Qué cosas? Y ellos le dijeron: De Jesús nazareno, que fue varón profeta, poderoso en obra y en palabra delante de Dios y de todo el pueblo.

—Lucas 24:19

El espíritu de poder se puede manifestar en sus palabras y en sus acciones. Jesús habló con poder, sanó con poder y liberó al cautivo con poder. El poder (poderío) es soltado por medio de palabras y acciones.

Jesús fue un profeta como Moisés, y Moisés también fue poderoso en palabra y obra:

Y fue enseñado Moisés en toda la sabiduría de los egipcios; y era poderoso en sus palabras y obras.

—Hechos 7:22

Moisés operó en el espíritu de poder para liberar al pueblo de Faraón, y Jesús operó en el espíritu de poder para liberar a las personas de Satanás. El espíritu de poder se manifestaba en echar fuera demonios. Jesús les dio a sus discípulos el poder (dunamis) para echar fuera demonios y sanar a los enfermos (Lucas 9:1).

Jesús demostró poder en las ciudades de Israel. Jesús pronunció juicio sobre las ciudades que no se arrepintieron después de haber visto sus poderosas obras.

Entonces comenzó a reconvenir a las ciudades en las cuales había hecho muchos de sus milagros, porque no se habían arrepentido, diciendo: ¡Ay de ti, Corazín! ¡Ay de ti, Betsaida! Porque si en Tiro y en Sidón se hubieran hecho los milagros que han sido hechos en vosotras, tiempo ha que se hubieran arrepentido en cilicio y en ceniza.

—Mateo 11:20–21

Y tú, Capernaum, que eres levantada hasta el cielo, hasta el Hades serás abatida; porque si en Sodoma se hubieran hecho los milagros que han sido hechos en ti, habría permanecido hasta el día de hoy.

—Mateo 11:23

La palabra «milagros» en ambas escrituras provienen de la palabra griega *dunamis* (o dynamis en algunos léxicos) la cual significa «fuerza (literal o figuradamente); en especial poder milagroso (usualmente por implicación: un milagro mismo): habilidad, abundancia, significado, poderío, hecho poderoso, obrador de milagros, poder, fuerza, violencia, obra poderosa (maravillosa)».[19]

> Y mientras se acercaba el muchacho, el demonio le derribó y le sacudió con violencia; pero Jesús reprendió al espíritu inmundo, y sanó al muchacho, y se lo devolvió a su padre. Y todos se admiraban de la grandeza de Dios. Y maravillándose todos de todas las cosas que hacía, dijo a sus discípulos:
> —Lucas 9:42–43

La palabra «grandeza» es otra palabra griega, *megaleiotēs*, la cual significa «grandeza, magnificencia de la majestad de Dios, del esplendor visible de la divina majestad como apareció en la transfiguración de Cristo».[20] En otras palabras, el poderío o el poder están conectados con la gloria. Mega es parte de esta palabra. Mega significa «grande». Mega también significa «poderoso». Poderío es megapoder. Hablaré de la relación entre mega, poderío y gloria de nuevo más tarde.

Hay una unción de poder. Jesús fue ungido con el Espíritu Santo y con poder:

> Cómo Dios ungió con el Espíritu Santo y con poder a Jesús de Nazaret, y cómo éste anduvo haciendo bienes y sanando a todos los oprimidos por el diablo, porque Dios estaba con él.
> —Hechos 10:38

A causa de la unción, Jesús anduvo haciendo bienes y sanando a todos los oprimidos por el diablo. El poderío está conectado tanto a la sanidad como a la liberación. David también fue ungido:

> Y Samuel tomó el cuerno del aceite, y lo ungió en medio de sus hermanos; y desde aquel día en adelante el Espíritu de

Jehová vino sobre David. Se levantó luego Samuel, y se volvió a Ramá.

—1 Samuel 16:13

'Ungir' significa «embarrar o frotar con aceite».[21] El aceite es un símbolo del Espíritu Santo. El aceite de Dios nos da fuerza y poder.

FE Y PODER

No puedo exagerar la importancia de la fe al tratar con el espíritu de poder.

Y no pudo hacer allí ningún milagro, salvo que sanó a unos pocos enfermos, poniendo sobre ellos las manos.

—Marcos 6:5

Este versículo revela que el espíritu de poder no puede funcionar en una atmósfera de incredulidad. Jesús hizo algunos milagros menores, pero no pudo hacer obras poderosas en su ciudad natal. La fe es la atmósfera donde el espíritu de poder se puede manifestar. La fe hará que el espíritu de poder opere en su vida.

Predicar la Palabra produce fe, lo cual a su vez abre paso al espíritu de poder. Jesús predicaba las buenas nuevas y operaba en el espíritu de poder. El evangelio abre el camino para que opere el espíritu de poder, lo cual da como resultado milagros.

Y Esteban, lleno de gracia y de poder, hacía grandes prodigios y señales entre el pueblo.

—Hechos 6:8

Esteban hizo grandes prodigios y señales porque estaba lleno de gracia y poder. Esto muestra la relación entre la fe y el poder.

Y cuál la supereminente grandeza de su poder para con nosotros los que creemos, según la operación del poder de su fuerza,

—Efesios 1:19

El poder de Dios y su fuerza está disponible para los que creen. Pablo oró por una revelación se esta grandeza y poder para los que creen. ¿Usted cree? ¿Tiene fe para que el poder opere en su vida? ¿Tiene una revelación de poder? Mi esperanza es que este libro estimule su fe y abra sus ojos al espíritu de poder.

ESPERE EL PODER

A los discípulos se les dijo que esperaran en Jerusalén y que no fueran a ninguna parte hasta que recibieran poder.

> He aquí, yo enviaré la promesa de mi Padre sobre vosotros; pero quedaos vosotros en la ciudad de Jerusalén, hasta que seáis investidos de poder desde lo alto.
>
> —LUCAS 24:49

Se nos promete poder. Esta promesa fue cumplida el día de pentecostés.

> Pero recibiréis poder, cuando haya venido sobre vosotros el Espíritu Santo, y me seréis testigos en Jerusalén, en toda Judea, en Samaria, y hasta lo último de la tierra.
>
> —HECHOS 1:8

El día de Pentecostés y el derramamiento del Espíritu Santo fue la liberación del espíritu de poder. Hubo el sonido de un viento recio. El viento es un símbolo de poder y fuerza.

> Y de repente vino del cielo un estruendo como de un viento recio que soplaba, el cual llenó toda la casa donde estaban sentados;
>
> —HECHOS 2:2

Los creyentes recibieron poder (dunamis). El derramamiento del Espíritu Santo fue el derramamiento del espíritu de poder. El libro de los Hechos da cuenta de las hazañas de la iglesia. El poder no es solo para individuos, sino también para iglesias.

> Los muchachos se fatigan y se cansan, los jóvenes flaquean y caen; pero los que esperan a Jehová tendrán nuevas fuerzas;

levantarán alas como las águilas; correrán, y no se cansarán; caminarán, y no se fatigarán.

—Isaías 40:30–31

Espere en el Señor y renueve su fuerza (poder). La fuerza y el poder son el antídoto para el cansancio y la fatiga. «Esperar» proviene de la palabra hebrea *qavah* que significa «unir (posiblemente mediante torcer), es decir, recolectar; de manera figurada esperar: reunir, mirar, con paciencia, demorar, esperar (para, en, a)».[22] Podemos recibir el espíritu de poder mediante reunirnos y esperar con expectación el poder del Señor. 'Esperar' también significa «permanecer mucho tiempo».[23] Hay momentos en los que necesitamos quedarnos en la presencia del Señor. Esperamos en fe con la expectativa de la fuerza y poder del Señor. Esperar también significa ser «fuerte, robusto (de la noción de unir con fuerza)».[24]

PODER APOSTÓLICO

Y con gran poder los apóstoles daban testimonio de la resurrección del Señor Jesús, y abundante gracia era sobre todos ellos.

—Hechos 4:33

Los apóstoles operaron con gran poder. Esto es megapoder. Observe en este versículo que el poder está conectado con la gracia. Los apóstoles tenían megapoder y megagracia.

Con potencia de señales y prodigios, en el poder del Espíritu de Dios; de manera que desde Jerusalén, y por los alrededores hasta Ilírico, todo lo he llenado del evangelio de Cristo.

—Romanos 15:19

...porque las armas de nuestra milicia no son carnales, sino poderosas en Dios para la destrucción de fortalezas, derribando argumentos y toda altivez que se levanta contra el conocimiento de Dios, y llevando cautivo todo pensamiento a la obediencia a Cristo.

—2 Corintios 10:4–5

'Milicia' es la palabra griega strateia la cual significa «servicio militar, es decir (de manera figurada) la carrera apostólica (como una de dificultades y peligro): guerra».[25] Pablo identifica la carrera apostólica como algo tan poderoso que derriba fortalezas. 'Fortalezas' es la palabra griega *ochuróma* que significa «un alcázar, defensa fuerte, fortaleza».[26]

Pablo entonces identifica las fortalezas como argumentos. 'Argumentos' es la palabra griega *logismos* la cual significa «un pensamiento, razonamiento o un argumento».[27] Estos son argumentos en la mente de las personas que resisten la verdad. Son «de manera apropiada, razonamientos 'concluyentes' que reflejan los valores de alguien, es decir, la manera en que de forma personal determinan lo que encuentran razonable; un razonamiento: tal que es hostil a la fe cristiana».[28] Estos argumentos (filosofías, mentalidades) son reforzados por demonios. Evitan que las personas obedezcan la verdad. El apóstol debe tener el poder de desafiar estos argumentos y derribarlos. Se requiere poder para lograr esto. Se requiere predicación y enseñanzas poderosas para confrontar estos argumentos. Hablaremos de ser poderoso en las Escrituras más tarde.

El ministerio apostólico no está limitado a predicar, sino también a demostrar el poder de Dios.

> Con todo, las señales de apóstol han sido hechas entre vosotros en toda paciencia, por señales, prodigios y milagros.
> —2 Corintios 12:12

Pablo llama a estos milagros. Esta palabra «milagros» es de la palabra griega *dunamis*. El espíritu de poder se manifiesta con milagros. Este poder valida a los verdaderos apóstoles.

No se puede separar el ministerio apostólico de la fuerza y el poder. Pablo también menciona paciencia. Paciencia es perseverancia y resistencia. Se requiere poder y fuerza para resistir. Recuerde que Dios hizo semejante el ministerio apostólico con el servicio militar.

El espíritu de poder opera a través de la predicación apostólica. Hay una demostración del Espíritu y poder por medio del ministerio apostólico.

Y ni mi palabra ni mi predicación fue con palabras persuasivas de humana sabiduría, sino con demostración del Espíritu y de poder.

—1 Corintios 2:4

En palabra de verdad, en poder de Dios, con armas de justicia a diestra y a siniestra.

—2 Corintios 6:7

PODER PROFÉTICO

Los profetas también operan en poder. Declaran la Palabra del Señor con poder. Los profetas tienen *chayil*.

Mas yo estoy lleno de poder del Espíritu de Jehová, y de juicio y de fuerza, para denunciar a Jacob su rebelión, y a Israel su pecado.

—Miqueas 3:8

Las expresiones proféticas llevan poder y fuerza. La Palabra de Dios en la boca de un profeta es como un martillo que hace pedazos la piedra. Elías fue un profeta quien caminó en poder, y Juan el Bautista vino en el espíritu y el poder de Elías:

E irá delante de él con el espíritu y el poder de Elías, para hacer volver los corazones de los padres a los hijos, y de los rebeldes a la prudencia de los justos, para preparar al Señor un pueblo bien dispuesto.

—Lucas 1:17

El espíritu de poder que operó a través de Juan trajo a la gente a arrepentimiento. Predicó con poder y convirtió los corazones. La predicación poderosa hará volver los corazones de las personas.

Las personas quedaban asombradas con la enseñanza poderosa de Jesús.

Y se admiraban de su doctrina, porque su palabra era con autoridad.

—Lucas 4:32

Todos estaban admirados de sus enseñanzas, porque les hablaba con autoridad.

—Lucas 4:32, tla

La palabra traducida como «autoridad» es la palabra exousia, la cual significa «autoridad».[29] El poder opera con autoridad. La autoridad es el derecho legal de usar el poder y la fuerza.[30]

Los profetas tienen el derecho de hablar de parte de Dios. Sus palabras conllevan poder. Yo llamo esto poder profético. La palabra profética tiene el poder de cambiar cosas y de alternar y realinear. Una palabra de poder puede cambiar su vida. La palabra profética puede traer sanidad y liberación. Una palabra profética puede liberarlo a su destino. Recuerde que Jesús fue poderoso en palabra y obra.

El poder y la Palabra de Dios

El espíritu de poder también está conectado con la Palabra de Dios.

Porque la palabra de Dios es viva y eficaz, y más cortante que toda espada de dos filos; y penetra hasta partir el alma y el espíritu, las coyunturas y los tuétanos, y discierne los pensamientos y las intenciones del corazón.

—Hebreos 4:12

El poder es soltado por medio de la predicación y enseñando de la Palabra de Dios. Observe cómo la sanidad está conectada con la predicación en los versículos siguientes.

Y recorrió Jesús toda Galilea, enseñando en las sinagogas de ellos, y predicando el evangelio del reino, y sanando toda enfermedad y toda dolencia en el pueblo.

—Mateo 4:23

Recorría Jesús todas las ciudades y aldeas, enseñando en las sinagogas de ellos, y predicando el evangelio del reino, y sanando toda enfermedad y toda dolencia en el pueblo.

—MATEO 9:35

Y saliendo, pasaban por todas las aldeas, anunciando el evangelio y sanando por todas partes.

—LUCAS 9:6

María la llamada Magdalena fue sanada de siete demonios como resultado de la predicación del evangelio.

Aconteció después, que Jesús iba por todas las ciudades y aldeas, predicando y anunciando el evangelio del reino de Dios, y los doce con él, y algunas mujeres que habían sido sanadas de espíritus malos y de enfermedades: María, que se llamaba Magdalena, de la que habían salido siete demonios.

—LUCAS 8:1–2

Los que escucharon a Jesús fueron sanados y liberados de espíritus inmundos. El espíritu de poder echará fuera la enfermedad y las dolencias.

Y descendió con ellos, y se detuvo en un lugar llano, en compañía de sus discípulos y de una gran multitud de gente de toda Judea, de Jerusalén y de la costa de Tiro y de Sidón, que había venido para oírle, y para ser sanados de sus enfermedades; y los que habían sido atormentados de espíritus inmundos eran sanados. Y toda la gente procuraba tocarle, porque poder salía de él y sanaba a todos.

—LUCAS 6:17–19

Apolos era poderoso en las Escrituras. Otras versiones dicen que era poderoso, educado y elocuente en las Escrituras.

Llegó entonces a Éfeso un judío llamado Apolos, natural de Alejandría, varón elocuente, poderoso en las Escrituras.

—HECHOS 18:24

Podemos ser poderosos en la Palabra. Podemos y deberíamos ser fuertes en la Palabra de Dios. Deberíamos ser fuertes en revelación y entendimiento.

SABIDURÍA Y PODER

Chayil es sabiduría y poder. La sabiduría y el poder están vinculados en la Escritura.

> Conmigo está el consejo y el buen juicio; yo soy la inteligencia; mío es el poder.
>
> —PROVERBIOS 8:14

La sabiduría tiene fuerza. 'Fuerza' es la palabra hebrea *geburah* la cual significa «poder».[31] El espíritu de poder se une con el espíritu de sabiduría. La sabiduría se une con actos poderosos en el ministerio de Cristo. La sabiduría le da fuerza y poder.

> Y venido a su tierra, les enseñaba en la sinagoga de ellos, de tal manera que se maravillaban, y decían: ¿De dónde tiene éste esta sabiduría y estos milagros?
>
> —MATEO 13:54

El espíritu de poder se une con el espíritu de consejo en Isaías 11:2. 'Consejo' es la palabra hebrea *etsah* la cual significa: «Consejo; por implicación, plan; también prudencia: recomendación, asesoramiento, consejo, propósito del consejero».[32]

> El hombre sabio es fuerte, y de pujante vigor el hombre docto.
>
> —PROVERBIOS 24:5

> La sabiduría fortalece al sabio más que diez poderosos que haya en una ciudad.
>
> —ECLESIASTÉS 7:19

Creo que la sabiduría es necesaria para manejar el poder. La gente que no tiene sabiduría abusa y mal usa el poder. Dios da ambos, sabiduría y poder.

Daniel también experimentó sabiduría y poder.

Y Daniel habló y dijo: Sea bendito el nombre de Dios de siglos en siglos, porque suyos son el poder y la sabiduría.

—Daniel 2:20

A ti, oh Dios de mis padres, te doy gracias y te alabo, porque me has dado sabiduría y fuerza, y ahora me has revelado lo que te pedimos; pues nos has dado a conocer el asunto del rey.

—Daniel 2:23

Oración y poder

La oración siempre ha sido una fuente de gran fuerza y poder. La iglesia primitiva oró hasta que el edificio tembló. La oración suelta el poder de Dios.

Cuando hubieron orado, el lugar en que estaban congregados tembló; y todos fueron llenos del Espíritu Santo, y hablaban con denuedo la palabra de Dios.

—Hechos 4:31

El resultado de esta oración fue que los apóstoles ministraron con denuedo (megapoder: Hechos 4:33). Los apóstoles se entregaron de continuo a la oración y al ministerio de la palabra. La oración y la Palabra soltarán el espíritu de poder (Hechos 6:4),

Elías también oró con fuerza y poder. Oró para que fueran cerrados los cielos, y pidió que los cielos fueran abiertos.

Elías era hombre sujeto a pasiones semejantes a las nuestras, y oró fervientemente para que no lloviese, y no llovió sobre la tierra por tres años y seis meses. Y otra vez oró, y el cielo dio lluvia, y la tierra produjo su fruto.

—Santiago 5:17–18

Creo que el espíritu de poder nos hace poderosos en la oración. La oración poderosa es la clave para el avance y los milagros. La oración poderosa es una oración fuerte. El espíritu de poder fortalecerá su vida de oración. Los creyentes fuertes constituyen fuertes intercesores.

Sion es el lugar de la oración respondida

Vemos el favor de Dios sobre Sion para hacer nuestras oraciones poderosas de modo que sean aceptadas. Las oraciones son respondidas en Sion. Isaías 65:24 dice: «Y antes que clamen, responderé yo; mientras aún hablan, yo habré oído».

Usted es Sion. Dios escucha sus oraciones. Responde mientras esté hablando; que promesa tan terrible.

> Jehová te oiga en el día de conflicto; el nombre del Dios de Jacob te defienda. Te envíe ayuda desde el santuario, y desde Sion te sostenga. Haga memoria de todas tus ofrendas, y acepte tu holocausto. *Selah.* Te dé conforme al deseo de tu corazón, y cumpla todo tu consejo.
>
> —Salmos 20:1–4

Dios lo escucha en el día de conflicto y lo fortalece desde Sion. Dios le concede conforme a su corazón. Le da lo que usted desea y cumple todos sus planes.

Sion es el lugar de la oración respondida Sion es donde hacemos peticiones a Dios. La oración es aceptada en Sion.

> Tú oyes la oración; a ti vendrá toda carne.
>
> —Salmos 65:2

La gente viene a Sion porque es el lugar de oración respondida. Dios escucha la oración. La versión de la Nueva Biblia Viviente del versículo anterior dice: «Porque tú respondes a nuestras oraciones, y a ti acude todo ser humano». Sion es el lugar de la presencia de Dios y el lugar donde escucha y responde la oración.

Esta es otra promesa poderosa hablada a través de Isaías.

> Así dijo Jehová: En tiempo aceptable te oí, y en el día de salvación te ayudé; y te guardaré, y te daré por pacto al pueblo, para que restaures la tierra, para que heredes asoladas heredades.
>
> —Isaías 49:8

El favor de Dios está en Sion porque el «tiempo aceptable» es el tiempo de favor. Dios lo escuchar, lo ayuda y lo salva.

> Todo el ganado de Cedar será juntado para ti; carneros de Nebaiot te serán servidos; serán ofrecidos con agrado sobre mi altar, y glorificaré la casa de mi gloria.
>
> —Isaías 60:7

Observe las palabras «con agrado sobre mi altar». El altar representa la oración y la adoración. La Nueva Traducción Viviente dice: «Aceptaré sus ofrendas». Sion es un lugar aceptado. Dios acepta a los marginados, y Dios acepta sus oraciones.

Este versículo dice que el ganado de Cedar viene. Cedar era el hijo de Ismael (Génesis 25:13). Los descendientes de Ismael vienen a Sion. La naciones que en cierto tiempo no tenían relación de pacto ahora son atraídas por la gloria de Sion.

La oración del justo es el deleite de Dios (Proverbios 15:8). Los oídos de Dios están abiertos a las oraciones de los justos (1 Pedro 3:12). «Jehová está lejos de los impíos; pero él oye la oración de los justos» (Proverbios 15:29).

Daniel oraba hacia Jerusalén (Daniel 6:10). No se olvidó de Sion aunque estaba en Babilonia. Su corazón estaba en Sion. Dios escuchó sus oraciones y le respondió.

Sion es el lugar de unidad en la oración

> Yo me alegré con los que me decían: a la casa de Jehová iremos. Nuestros pies estuvieron dentro de tus puertas, oh Jerusalén. Jerusalén, que se ha edificado como una ciudad que está bien unida entre sí. Y allá subieron las tribus, las tribus de JAH, conforme al testimonio dado a Israel, para alabar el nombre de Jehová.
>
> —Salmos 122:1–4

Las tribus fueron a Jerusalén. Fueron con alegría a la casa del Señor. Venimos a Sion con alegría. Todas las tribus de la Tierra son ahora bienvenidas a venir.

Jerusalén era una ciudad que unía a las tribus. Según el *Comentario Bíblico Expositivo*: «Cuando el salmista vio la ciudad, pensó en unidad y seguridad. Así como las piedras de los muros y las casas son 'establecidas juntas firmemente', así las personas eran unidas en su adoración al Señor y su respeto por el trono».[33]

Solo había un lugar donde se les mandó que fueran a adorar y orar. Jerusalén era una ciudad construida para las multitudes. Sion es la asamblea de Dios. Sion es el lugar de comunión y unidad.

Los creyentes de Sion viven en armonía y unidad. Amamos la unidad del Espíritu. Las personas de Sion tienen un corazón y una mente. No hay división en Sion. Los creyentes de Sion están unánimes y oran y adoran juntos.

Sion es el lugar de los guardas

> Sobre tus muros, oh Jerusalén, he puesto guardas; todo el día y toda la noche no callarán jamás. Los que os acordáis de Jehová, no reposéis.
>
> —Isaías 62:6

Los guardas son los profetas, los videntes que oran. Los guardas ven y oran. Dios establece a los guardas. En Sion se encuentran ministerios de oración.

Este es otro versículo que conecta a Sion con guardas.

> ¡Voz de tus atalayas! Alzarán la voz, juntamente darán voces de júbilo; porque ojo a ojo verán que Jehová vuelve a traer a Sion.
>
> —Isaías 52:8

Los guardas oraban por el establecimiento y restauración de Sion. Sion está aquí a causa de la oración. Usted es Sion. Usted está aquí a causa de la oración. Los que aman a Sion oran por ella.

PODER Y EL REINO

Jesús y sus discípulos predicaron la llegada del Reino. El Reino venía con poder para echar fuera y reemplazar el reino de las tinieblas. Por eso echar fuera demonios era una señal de la llegada del Reino (Mateo 12:28).

El poder está conectado con el Reino de Dios. El Reino es predicado y demostrado. El Reino es el gobierno y el reinado del Espíritu Santo en los corazones de los hombres. Someterse al gobierno de Dios en su Reino es clave para andar en poder y fuerza:

> Y no nos metas en tentación, mas líbranos del mal; porque tuyo es el reino, y el poder, y la gloria, por todos los siglos. Amén.
>
> —Mateo 6:13

El Reino no es solo palabras, sino poder.

> Porque el reino de Dios no consiste en palabras, sino en poder.
>
> —1 Corintios 4:20

Cuando viene el Reino, viene el poder.

> Entonces oí una gran voz en el cielo, que decía: Ahora ha venido la salvación, el poder, y el reino de nuestro Dios, y la autoridad de su Cristo; porque ha sido lanzado fuera el acusador de nuestros hermanos, el que los acusaba delante de nuestro Dios día y noche.
>
> —Apocalipsis 12:10

El poder es necesario para hacer avanzar el Reino de generación en generación.

> La gloria de tu reino digan, y hablen de tu poder, para hacer saber a los hijos de los hombres sus poderosos hechos, y la gloria de la magnificencia de su reino.
>
> —Salmos 145:11–12

> Hablaré de tu grandeza, mi Dios y Rey; bendeciré tu nombre por siempre.
>
> —Salmos 145:11, dhh

El Reino de Dios es un reino de gloria y poder. El Reino es un lugar de hechos poderosos. Operamos en el poder del Rey y lo manifestamos.

UNA ORACIÓN POR PODER

Señor, Tú eres el poderoso Dios.

Recibo el Espíritu de poder.

Dame una revelación de tu fuerza y de tu poder.

Veré y declararé los hechos poderosos del Señor.

Que los milagros sean soltados por medio de tu poder.

Que los milagros ocurran por medio de tu poder.

Que mis palabras lleven el espíritu de poder.

Que mis oraciones sean poderosas.

Que ande en el Reino de poder y fuerza.

Incrementa mi sabiduría y poder.

Esperaré en el Señor y renovaré mi fuerza.

Que la Palabra de Dios sea poderosa en mi vida.

Señor, levanta iglesias poderosas.

Que el poder apostólico sea soltado en mi región.

Que el poder profético sea soltado en mi región.

Que sea ungido para poder.

Señor, suelta palabras proféticas poderosas sobre mi vida.

Señor, que poderosas palabras proféticas poderosas sean soltadas en mi región.

Que escuche predicaciones fuertes.

Que escuche enseñanzas fuertes.

Que los evangelistas anden en poder.

Que los pastores y maestros anden en poder.

Que yo sea poderoso en la Palabra.

Que yo sea poderoso en revelación.

Que yo sea poderoso en entendimiento.

CONFESIONES DE FUERZA Y PODER

Soy fuerte en el Señor, y en el poder de su fuerza.

Tengo espíritu de consejo y poder.

Soy fortalecido por su Espíritu en el hombre interior.

Tengo potestad para hollar serpientes y escorpiones y sobre toda fuerza del enemigo.

El Señor es la fuerza de mi vida.

El gozo del Señor es mi fuerza.

Tengo sabiduría que me da fuerza.

La Palabra de Dios es poderosa y me hace fuerte.

Recibo y ando en poder y fuerza por fe.

El Dios poderoso me da fuerza.

Las armas de mi milicia no son carnales sino poderosas en Dios para la destrucción de fortalezas.

Dios ha ordenado que salga fuerza de mi boca.

La unción me da fuerza.

Andaré en fuerza todos los días de mi vida.

La presencia de Dios me da fuerza.

En el Señor Jehová hay fuerza eterna.

Voy de poder en poder.

Como son mis días, así será mi fuerza.

Capítulo 11

LA MISERICORDIA DE DIOS HACIA SION

Te levantarás y tendrás misericordia de Sion, porque es tiempo de tener misericordia de ella, porque el plazo ha llegado.
—SALMOS 102:13

L A MISERICORDIA ES otro tema vital e importante. Comprender misericordia cambiará su vida. Las Escrituras están llenas de numerosas referencias a la misericordia de Dios. Las Escrituras muestran la bendición de los que reciben y muestran misericordia. La palabra hebrea para 'misericordia' es *checed*. Esta es otra palabra asombrosa con un significado rico y profundo.

La Reina-Valera 1909 traduce la palabra número H2617 de Strong de la siguiente manera: misericordia (202), misericordias (13), benevolencia (2), clemencia (2), gracia (2), afrenta (1), agradecimiento (1), benignidad (1), bondad (1), clementes (1), consolado (1), execrable (1), favor (1), favores (1), gloria (1), liberalidad (1), merced (1), miseraciones (1), misericordioso (1), piadosas (1), piedad (1), píos (1)

Hesed es misericordia; por implicación (hacia Dios) piedad; raramente (por oposición) afrenta, o (subjetivamente) belleza: favor, buena obra, misericordioso, clemencia, benevolencia, piedad, afrenta, cosa malvada. La misericordia es la benignidad de Dios.[1]

La misericordia es lo opuesto de la ira. La ira de Dios vino sobre Jerusalén a causa de violaciones del pacto, pero la misericordia de Dios provocó que su favor volviera. La ira de Dios fue por un momento, pero su misericordia es externa (Isaías 54:8). Dios recordó su misericordia en el tiempo de la ira (Habacuc 3:2).

La misericordia de Dios es sobre Sion, y como usted es Sion, la misericordia de Dios también es sobre su vida. La misericordia es la cualidad de ser amigable, generoso y considerado.[2] Los sinónimos para misericordia incluyen amabilidad, generosidad, afecto, calidez, gentileza, preocupación, cuidado, consideración, comedimiento, atención, altruismo, abnegación, compasión, simpatía, comprensión, magnanimidad, benevolencia, hospitalidad, generosidad, caridad.[3] Esta es la actitud de Dios hacia Sion. Esta es la actitud de Dios hacia usted.

Hesed también se conecta con la lealtad de pacto. Dios es leal a Sion. La lealtad y fidelidad de Dios al pueblo de su pacto siempre ha sido uno de sus atributos sobresalientes. Su misericordia (lealtad de pacto) es para siempre.

Sion es un lugar de misericordia, compasión y benignidad. La misericordia de Dios trae perdón, salvación y liberación. La misericordia de Dios es una extensión de su bondad.

Salmos 136 es llamado el gran *Hesed*.[4] Cada versículo dice: «Porque para siempre es su misericordia». El salmo describe los grandes actos de Dios a favor de su pueblo. Estos actos fueron el resultado de su misericordia. Estos actos incluyen grandes maravillas como la creación del cielo y de la Tierra, la plaga de los primogénitos de Egipto, el derrumbe de Faraón, la división del mar Rojo y la derrota de reyes famosos. Dios hace estas cosas por su pueblo, pero no las hace por nadie más. Este es el resultado de la misericordia de Dios.

> Haz bien con tu benevolencia a Sion; edifica los muros de Jerusalén.
>
> —Salmos 51:18

La misericordia está conectada con el bien, la benevolencia o la bondad (Salmos 23:6). Dios hace bien en su benevolencia a Sion. Dios no hace cosas buenas para Sion. Dios favorece a Sion con su bondad. La Nueva Versión Internacional dice: «En tu buena voluntad, haz que prospere Sion». Dios le muestra gracia a Sion.

Dios es benevolente con Sion. Le agrada hacer llover prosperidad sobre Sion.

El que rescata del hoyo tu vida, el que te corona de favores y misericordias.

—Salmos 103:4

Somos coronados con clemencia y benignidad. Nos protege de la muerte y nos redime del foso. La versión Palabra de Dios para Todos dice: «Te corona de fiel amor y compasión».

Quiero enfatizar el aspecto generoso y benevolente de la misericordia de Dios. Dios da a todos los hombres abundantemente (Santiago 1:5). Nuestro Dios es extremadamente generoso. Su generosidad no conoce fronteras. Dios es generoso con Sion. Usted es Sion. Dios es generoso con usted.

Dios hace mucho más abundantemente de lo que pedimos o entendemos (Efesios 3:20). Dios nos da abundantes riquezas de su gracia (Efesios 2:7). Dios abre las ventanas (las compuertas) de los cielos y derrama más de lo que tenemos espacio suficiente para recibir (Malaquías 3:10).

Sion es el lugar de la abundancia y generosidad de Dios. Dios bendice a su pueblo de manera abundante en Sion. Dios nos abruma con lluvias de bendición. Hace que nuestra copa rebose. Todo esto es el resultado de su misericordia.

Mas tú, Señor, Dios misericordioso y clemente, lento para la ira, y grande en misericordia y verdad. Dios es grande en misericordia.

—Salmos 86:15

Es grande en misericordia. La misericordia de Dios es abundante para Sion. Usted es Sion. Usted es participante de esta abundante clemencia y misericordia. Usted es el recipiente de abundante bondad.

Dios restauró, liberó, escogió y favoreció a Sion. Dios mora en Sion. Dios bendice a Sion. Dios pone su gloria en Sion. Todo esto fue el resultado de su misericordia para Sion. Por eso la misericordia es tan importante. No podríamos haber tenido ninguna de estas bendiciones aparte de la misericordia.

> Condujiste en tu misericordia a este pueblo que redimiste; lo llevaste con tu poder a tu santa morada.
>
> —ÉXODO 15:13, ÉNFASIS AÑADIDO

Dios en su misericordia sacó a Israel de Egipto. Dios, en su misericordia, los guio a Sion, su habitación santa. Sion es el resultado de la misericordia. El pueblo de Sion son los objetos de la misericordia de Dios. Usted es Sion. Usted es el objeto de la misericordia y clemencia de Dios.

El arca era la pieza central del mobiliario del tabernáculo de Moisés. El arca tenía sobre de ella el propiciatorio (Éxodo 25:21). El propiciatorio con el tiempo vino a Sion. Sion es el lugar del propiciatorio. El Señor prometió encontrarse con su pueblo (específicamente con el sumo sacerdote) en el propiciatorio (Éxodo 25:22). Cristo es nuestro propiciatorio. Dios se encuentra con nosotros en Sion. Dios se encuentra con nosotros con su misericordia y clemencia.

> Bienaventurado aquel cuya transgresión ha sido perdonada, y cubierto su pecado.
>
> —SALMOS 32:1

> Bienaventurado el varón a quien el Señor no inculpa de pecado.
>
> —ROMANOS 4:8

El propiciatorio significa una «cobertura».[5] Era una tapa que cubría. Por medio de Cristo, nuestros pecados son cubiertos porque Él es nuestra «cobertura». Sion está cubierto. Usted está cubierto. Sus pecado han sido perdonados. Usted es bendecido. Todo esto es el resultado de su misericordia.

> Porque los montes se moverán, y los collados temblarán, pero no se apartará de ti mi misericordia, ni el pacto de mi paz se quebrantará, dijo Jehová, el que tiene misericordia de ti.
>
> —Isaías 54:10

La misericordia de Dios no se apartará de su vida. Otras versiones dicen que su fiel amor no se apartará. Su amor es firme y perdurable. Su pacto de paz (shalom) está con usted. Usted es Sion. El Señor tiene misericordia de usted.

La misericordia de Sion es de generación en generación. Su misericordia es para mil generaciones (Deuteronomio 7:9). Dios siempre favorecerá y será misericordioso con Sion. Podemos confiar y depender de la misericordia de Dios. La bondad de Dios con nosotros nunca terminará.

Dios engrandece su misericordia (Génesis 19:19). Los sinónimos para engrandecer incluyen alargar, maximizar, incrementar, extender, expandir, amplificar, intensidad.[6] *Engrandecer* significa hacer conocido o provocar que sea visto.[7] Dios engrandece su misericordia sobre su vida. Usted es Sion. Hay nueva misericordia (clemencia) sobre usted. Su misericordia incrementa.

David recibió gran misericordia (1 Reyes 3:6). Esto fue clave para su victoria y éxito. David cometió errores, pero la misericordia de Dios estaba sobre su vida. La Escritura habla acerca de «las misericordias firmes a David» (Isaías 55:3). Las misericordias de Dios son firmes (fieles y perdurables).

> Grandes triunfos da a su rey, y hace misericordia a su ungido, a David y a su descendencia, para siempre.
>
> —Salmos 18:50

Observe que la misericordia está conectada con grandes triunfos. La misericordia de Dios viene a su ungido. David fue librado de las maquinaciones y los planes de los malvados. Derrotó a Saúl. Dios preservó su vida. Venció la maquinación de Absalón. Venció la traición de Ahitofel. Derrotó a Goliat y a los filisteos. Todo esto fue el resultado de misericordia. Usted puede vencer cualquier maquinación del infierno. La misericordia de Dios está sobre su vida. Usted es Sion.

La Reina-Valera traduce Salmos 18:50 como: «Grandes triunfos da a su rey». Las victorias vienen por medio de la misericordia. Sion es una ciudad victoriosa. Sion es el lugar de victoria. Usted triunfa en Cristo (2 Corintios 2:14). Gana victoria tras victoria. Dios no permitirá que sus enemigos triunfen sobre usted (Salmos 41:11).

Alabad a Jehová, naciones todas; pueblos todos, alabadle. Porque ha engrandecido sobre nosotros su misericordia, y la fidelidad de Jehová es para siempre. Aleluya.

—Salmos 117:1–2

Salmos 117 es el salmo más corto de la Biblia. Es un salmo acerca de la misericordiosa clemencia de Dios. Con solo dos versículos y dieciséis palabras en hebreo, es el más breve de los 150 salmos. Es el capítulo 595 de los 1189 de la versión Reina-Valera de la Biblia, lo cual lo hace el capítulo central. También es el capítulo más corto en esta versión de la Biblia.[8] «Alabad a Jehová, naciones todas; pueblos todos, alabadle». En otras palabras, este salmo está en el centro de la Biblia. La misericordia está en el corazón del libro.

Se les ordena a las naciones que alaben al Señor. En otras palabras, las naciones alaban a Dios por su misericordiosa bondad para con Sion. Salmos 117:2 en la versión Amplified Bible en inglés dice: «Porque su misericordia prevalece sobre nosotros [y nosotros triunfamos y vencemos por medio de Él]».

Por la misericordia de Jehová no hemos sido consumidos, porque nunca decayeron sus misericordias.

—Lamentaciones 3:22

Jeremías lloró sobre la destrucción de Jerusalén. La maldición había venido a Jerusalén por sus violaciones del pacto. Jerusalén se volvió desolada y solitaria. El enemigo había destruido sus muros y sus puertas. La muerte y el hambre habían arrasado la ciudad.

No fueron totalmente consumidos gracias a la misericordia de Dios. Su compasión no decayó. Jeremías recuerda la misericordia en medio de su lamento. Israel se fue a Babilonia, pero después de setenta años fueron soltados para volver a la ciudad. La restauración siguió al juicio. La restauración es el resultado de la misericordia. Usted es Sion. Ha sido restaurado. Su compasión no decayó. Sus misericordias son nuevas cada mañana (Lamentaciones 3:23).

Vosotros que en otro tiempo no erais pueblo, pero que ahora sois pueblo de Dios; que en otro tiempo no habíais alcanzado misericordia, pero ahora habéis alcanzado misericordia.

—1 PEDRO 2:10

Ahora somos el pueblo de Dios. Quienes no habían obtenido misericordia, ahora han recibido misericordia. Sion es un pueblo. Las personas de Sion son gente de misericordia. La misericordia de Dios es conocida y celebrada en Sion. Cantamos de la misericordia de Dios (Salmos 101:1).

La misericordia de Dios trajo a las naciones a Sion. Dios tuvo misericordia de Sion, y Dios tuvo misericordia del pueblo de la Tierra. Cada nación ha experimentado esta misericordia. Su misericordia se extiende a los confines de la Tierra. No hay lugar donde no haya llegado su misericordia.

Dios no está enojado con usted. Su ira se ha apartado de Sion (Isaías 12:1). Dios ha consolado a Sion. Usted es Sion. Usted ha sido consolado. Al profeta se le dijo que hablara palabras de consuelo a Jerusalén (Isaías 40:1–2). Isaías 49:13 dice:

Cantad alabanzas, oh cielos, y alégrate, tierra; y prorrumpid en alabanzas, oh montes; porque Jehová ha consolado a su pueblo, y de sus pobres tendrá misericordia.

La misericordia y el consuelo van unidos. Consuelo se define como el alivio o aligeramiento de los sentimientos de pérdida o angustia de una persona.[9] Sion es el lugar de consuelo. Sion es el lugar de la consolación. Usted es Sion. Usted ha sido consolado.

Dios incrementa su grandeza y consuelo en todos los aspectos (Salmos 71:21).

> Ciertamente consolará Jehová a Sion; consolará todas sus soledades, y cambiará su desierto en paraíso, y su soledad en huerto de Jehová; se hallará en ella alegría y gozo, alabanza y voces de canto.
>
> —Isaías 51:3

Dios consuela nuestras soledades y cambia nuestro desierto en un Edén. Sus soledades o lugares desiertos se volverán como el huerto del Señor. Dios riegas nuestras soledades. Suelta corrientes en el desierto. Sion es un lugar regado. Usted es Sion. Usted es regado. Usted es el huerto del Señor.

> Y vendrán con gritos de gozo en lo alto de Sion, y correrán al bien de Jehová, al pan, al vino, al aceite, y al ganado de las ovejas y de las vacas; y su alma será como huerto de riego, y nunca más tendrán dolor.
>
> —Jeremías 31:12

Sion tiene trigo, vino y aceite. Esta es otra imagen de prosperidad y abundancia. Sion es como huerto de riego. Esta es una imagen de la bondad del Señor. Usted es Sion. Usted es un huerto de riego. No hay hambre en su tierra.

La versión Contemporary English Version en inglés dice: «Serán prósperos y crecerán como un huerto con abundancia de agua». ¿Se ve a sí mismo como un huerto bien regado? Así es como Dios lo ve. Usted es Sion. Usted es próspero. Sus soledades ahora son irrigadas. Jeremías 17:8: «Porque será como el árbol plantado junto a las aguas, que junto a la corriente echará sus raíces, y no verá cuando viene el calor, sino que su hoja estará verde; y en el año de sequía no se fatigará, ni dejará de dar fruto».

Capítulo 12

¡YO SOY SION, SANTO Y DESEADO!

Y les llamarán Pueblo Santo, Redimidos de Jehová; y a
ti te llamarán Ciudad Deseada, no desamparada.
—Isaías 62:12

RECIBÍ LA PALABRA siguiente mientras predicaba en una reunión profética en Killeen, Texas. Es una palabra de cambio completo para los que leen este libro. Predicaba sobre que el Señor les da a las personas un nuevo nombre. Un nuevo nombre representa una nueva identidad, una nueva temporada y vida.

Declarar: «¡Yo soy Sion!», es su afirmación de esta nueva identidad espiritual que Dios ya le ha asignado. Cuando usted declara: «Yo soy Sion», se coloca en posición para una nueva temporada y vida. Al afirmar su identidad de Sion, prepárese para ser deseado. Prepárese para que la gente se reúna a su alrededor. Prepárese para que vengan a usted de lugares distantes. Prepárese para que vengan a usted nuevo favor y prosperidad. Sion es una ciudad deseada. Usted es Sion. Usted es deseado.

Cuando esta palabra vino a mí, dos versículos de Isaías capítulo 62 también vinieron a mí. El primero:

Entonces verán las gentes tu justicia, y todos los reyes tu gloria; y te será puesto un nombre nuevo, que la boca de Jehová nombrará.
—Isaías 62:2

El segundo dice:

> Y les llamarán Pueblo Santo, Redimidos de Jehová; y a ti te
> llamarán Ciudad Deseada, no desamparada.
>
> —Isaías 62:12

La Traducción en Lenguaje Actual dice el versículo 12 así: «Los israelitas serán llamados: 'Pueblo santo, salvado por su Dios', y a Jerusalén la llamarán: 'Ciudad deseada', 'Ciudad llena de vida'».

Dios nos da un nuevo nombre, y ese nombre es Deseado.

Deseado es una palabra poderosa de restauración. Es una palabra que significa favor y bendición. Es una palabra que genera cambio. Es una palabra que suelta una nueva temporada.

¿QUÉ TIENE UN NOMBRE?

¿Cuál es la trascendencia de este nuevo nombre y quién lo recibe? En contexto, fue una promesa dada a Israel. Israel había sufrido desolación como resultado de las violaciones del pacto. La condición de Israel es descrita por Jeremías en Lamentaciones.

> ¡Pobrecita de ti, Jerusalén! Antes eras la más famosa de todas
> las ciudades. ¡Antes estabas llena de gente, pero te has que-
> dado muy sola, te has quedado viuda! ¡Fuiste la reina de las
> naciones, pero hoy eres esclava de ellas!
>
> —Lamentaciones 1:1

Israel se había vuelto solitario, su pueblo había sido dispersado a Babilonia. Nadie venía a ella. En lugar de alegría y bendición, ahora había lloro y tristeza. No obstante, Isaías profetizó su restauración y gloria a través del Mesías. Había un gran cambio divino. Pasaría de estar desolada y vacío a ser deseada.

La profecía es también la misma para nosotros como Sion, la ciudad de Dios. Sion es una ciudad deseada, el monte de Dios. También es la iglesia. La gente buscará a la iglesia. Vendrán a la iglesia a ser enseñados y aprender los caminos del Señor. La iglesia no estará vacía, sino llena de gente.

Y vendrán muchos pueblos, y dirán: Venid, y subamos al monte de Jehová, a la casa del Dios de Jacob; y nos enseñará sus caminos, y caminaremos por sus sendas. Porque de Sion saldrá la ley, y de Jerusalén la palabra de Jehová.

—ISAÍAS 2:3

El profeta Zacarías vio a Sion llena de los jóvenes y viejos. Multitudes vendrán a Sion.

Así ha dicho Jehová de los ejércitos: Aún han de morar ancianos y ancianas en las calles de Jerusalén, cada cual con bordón en su mano por la multitud de los días. Y las calles de la ciudad estarán llenas de muchachos y muchachas que jugarán en ellas.

—ZACARÍAS 8:4–5

La promoción y el favor están disponibles a las personas de todas las edades. El mover de Dios no es para una generación, sino para todas las generaciones. ¡Esto lo incluye a usted! Dios quiere traer un mover de gloria a su vida que tendrá acceso a niveles poco comunes de favor y promoción.

Un solo encuentro con la gloria puede lanzarlo en una dirección enteramente nueva. Como hemos descubierto, la gloria expande y alarga. La gloria invade y encuentra. La gloria suelta y revela.

Veamos algunos de los muchos ejemplos en la Escritura de ser deseados.

SALOMÓN FUE DESEADO

La reina de Sabá buscó a Salomón. Ella vino de los confines de la Tierra para escuchar su sabiduría.

Oyendo la reina de Sabá la fama que Salomón había alcanzado por el nombre de Jehová, vino a probarle con preguntas difíciles. Y vino a Jerusalén con un séquito muy grande, con camellos cargados de especias, y oro en gran abundancia, y piedras preciosas; y cuando vino a Salomón, le expuso todo lo que en su corazón tenía. Y Salomón le contestó todas sus preguntas, y nada hubo que el rey no le contestase.

—1 Reyes 10:1–3

La reina de Sabá vino con mucho oro y piedras preciosas. La gloria atrae personas acaudaladas y prominentes. Hay liberación de carencia y derrota en la gloria. ¡Cuando la gloria llega a su vida, también las riquezas llegarán a su vida! La iglesia ha sufrido demasiado porque ha rechazado el poder sobrenatural del incremento en la gloria.

Y dio ella al rey ciento veinte talentos de oro, y mucha especiería, y piedras preciosas; nunca vino tan gran cantidad de especias, como la reina de Sabá dio al rey Salomón.

—1 Reyes 10:10

La reina de Sabá bendijo a Salomón con una abundancia de dones. Salomón también había bendecido a la reina. Ella lo buscó y recibió el deseo de su corazón. Salomón respondió sus preguntas difíciles. La gente lo buscará porque tienen preguntas que necesitan respuestas.

LOS PROFETAS Y LOS APÓSTOLES ERAN BUSCADOS

Dios ha impartido gran poder y unción sobre sus siervos. A lo largo de la historia, tanto los profetas como los apóstoles han sido piezas clave para ministrar la gloria de Dios en la Tierra. Desde palabras proféticas de favor y advertencias a milagros de sanidad y liberación, son buscados como hombres y mujeres santos de Dios.

Hulda

Durante el reinado del rey Josías, Israel pasó por un gran avivamiento. El rey ordenó la destrucción de todos los ídolos y trazas de la adoración a los ídolos a lo largo de la tierra. A medida que el pueblo buscó obedecer al rey, Safán el escriba e Hilcías, el sacerdote encontraron «el libro de la ley de Jehová dada por medio de Moisés» (2 Crónicas 34:14). Como el pueblo había estado tan lejos de Dios durante tanto tiempo, no sabían qué hacer con el libro. Cuando el rey Josías tuvo conocimiento del descubrimiento, le ordenó al sacerdote y al escriba que fueran y consultaran al Señor con respecto al libro y lo que significaba (v. 21).

Solo había una persona en Judá quien los dos hombres sabían que podían recurrir, alguien que sabían podía escuchar a Dios e interpretar las palabras en el libro, Hulda la profetisa:

> Entonces Hilcías y los del rey fueron a Hulda profetisa, mujer de Salum hijo de Ticva, hijo de Harhas, guarda de las vestiduras, la cual moraba en Jerusalén en el segundo barrio, y le dijeron las palabras antes dichas. Y ella respondió: Jehová Dios de Israel ha dicho así:
> —2 CRÓNICAS 34:22–23

Este relato se repite en 2 Reyes 22, pero dentro de esta historia es el único momento en que vemos que se menciona a Hulda. Ella fue buscada en un momento crucial en la historia de Israel, y tenía oídos para oír a Dios.

Israel experimentó un gran cambio bajo el liderazgo de Josías, y fue gracias a que la gloria y el favor de Dios descansó sobre esta profetisa quien pudo soltar la palabra del Señor en una hora importante.

Eliseo

En 2 Reyes 5:1–16, Naamán el leproso buscó a Eliseo y fue sanado de lepra. En el Antiguo Testamento, los profetas con frecuencia eran buscados por dirección y sanidad. El hambre y la persecución abren una unción profética vital.

José

José fue buscado para interpretar el sueño de Faraón. Salió de prisión al palacio. Su don le hizo espacio. Como resultado fue promovido en el reino. ¡Hay dones que están dormidos en sus entrañas que harán que usted sea buscado! Estimúlelos y sea fiel para crecer en ellos.

Entonces Faraón envió y llamó a José. Y lo sacaron apresuradamente de la cárcel, y se afeitó, y mudó sus vestidos, y vino a Faraón. Y dijo Faraón a José: Yo he tenido un sueño, y no hay quien lo interprete; mas he oído decir de ti, que oyes sueños para interpretarlos.

Respondió José a Faraón, diciendo: No está en mí; Dios será el que dé respuesta propicia a Faraón.

—Génesis 41:14–16

Daniel

Daniel también fue buscado para interpretar sueños. Interpretó el sueño del rey que nadie más pudo. ¿Qué dones tiene usted? ¿Qué talentos y habilidades posee? La gente con necesidad lo buscará.

Beltsasar, jefe de los magos, ya que he entendido que hay en ti espíritu de los dioses santos, y que ningún misterio se te esconde, declárame las visiones de mi sueño que he visto, y su interpretación.

—Daniel 4:9

David

David fue buscado por su habilidad musical. Vino a Saúl para refrescarlo cuando quedó bajo la influencia de un espíritu malo.

Y Saúl respondió a sus criados: Buscadme, pues, ahora alguno que toque bien, y traédmelo. Entonces uno de los criados respondió diciendo: He aquí yo he visto a un hijo de Isaí de Belén, que sabe tocar, y es valiente y vigoroso y hombre de guerra, prudente en sus palabras, y hermoso, y Jehová está con él. Y Saúl envió mensajeros a Isaí, diciendo: Envíame a David tu hijo, el que está con las ovejas.

—1 Samuel 16:17–19

Los que son hábiles serán buscados. ¿Qué habilidades tiene que hará que las personas lo busquen?

Apóstoles

Los apóstoles eran buscados. Las multitudes venían a ser sanadas.

> Y los que creían en el Señor aumentaban más, gran número así de hombres como de mujeres; tanto que sacaban los enfermos a las calles, y los ponían en camas y lechos, para que al pasar Pedro, a lo menos su sombra cayese sobre alguno de ellos. Y aun de las ciudades vecinas muchos venían a Jerusalén, trayendo enfermos y atormentados de espíritus inmundos; y todos eran sanados.
> —HECHOS 5:14–16

A Cornelio le dijo un ángel que buscara a Pedro (vea Hechos 10). Pedro llegó a esta casa y predicó, y toda su familia fue salva y llena del Espíritu.

JESÚS FUE BUSCADO

Jesús siempre era buscado. Las multitudes lo buscaban para enseñanza, sanidad y liberación.

> Y le siguió mucha gente de Galilea, de Decápolis, de Jerusalén, de Judea y del otro lado del Jordán.
> —MATEO 4:25

Jesús fue buscado por los magos en su nacimiento (Mateo 2:1–12). A Jesús lo buscó Nicodemo quien vino a Él de noche (Juan 3:2). Jesús fue buscado por una mujer cananea para la liberación de su hija (Mateo 15:22). Muchos buscaron a Jesús cuando venían a las fiestas en Jerusalén. Venían a Jerusalén a verlo y escuchar su enseñanza.

> Y buscaban a Jesús, y estando ellos en el templo, se preguntaban unos a otros: ¿Qué os parece? ¿No vendrá a la fiesta?
> —JUAN 11:56

Los griegos también buscaron a Jesús.

Había ciertos griegos entre los que habían subido a adorar en la fiesta. Estos, pues, se acercaron a Felipe, que era de Betsaida de Galilea, y le rogaron, diciendo: Señor, quisiéramos ver a Jesús.

—Juan 12:20–21

Esta es una imagen de extraños y extranjeros que vienen a buscarlo.

Usted será buscado

No solo Isaías capítulo 60 es el capítulo de la gloria, sino que es una profecía que nos muestra lo que sucede cuando somos buscados. Los resultados son asombrosos y maravillosos.

Levántate, resplandece; porque ha venido tu luz, y la gloria de Jehová ha nacido sobre ti. Porque he aquí que tinieblas cubrirán la tierra, y oscuridad las naciones; mas sobre ti amanecerá Jehová, y sobre ti será vista su gloria. Y andarán las naciones a tu luz, y los reyes al resplandor de tu nacimiento.

—Isaías 60:1–3

La gente es atraída a la luz. Vienen a causa de la luz y la gloria. Usted es buscado cuando hay luz y gloria en su vida.

Es tiempo de que se levante y resplandezca. Levántese desde un lugar bajo y venga a un lugar alto. Esta es una imagen de promoción. La gloria de Dios ha sido dada a la iglesia.

Esta luz y gloria resplandecen en las tinieblas. Los que viven en tinieblas vienen a los que tienen luz. Dios quiere que usted brille con su gloria. Por eso usted será buscado. La gloria se convierte en un imán que atrae a la gente a usted. Son atraídos a su ministerios, su negocio y su llamado y talentos. Son atraídos a la bendición sobre su vida.

Alza tus ojos alrededor y mira, todos éstos se han juntado, vinieron a ti; tus hijos vendrán de lejos, y tus hijas serán llevadas en brazos. Entonces verás, y resplandecerás; se maravillará y ensanchará tu corazón, porque se haya vuelto a ti la multitud del mar, y las riquezas de las naciones hayan venido a ti.

—Isaías 60:4–5

Isaías profetiza acerca de que los hijos y las hijas vendrán a usted. Esta es una imagen de gran bendición. Los hijos y las hijas siempre han sido la señal de bendición y productividad. Ser reúnen a usted. Las iglesias y ministerios que son buscados atraerán muchos hijos e hijas. Vienen a ser alimentados. Vienen a ser enseñados. Vienen a ser entrenados y soltados. Vienen a ser llevados en brazos. Isaías profetizó de manera extensa acerca de la venida de los hijos y las hijas.

Diré al norte: Da acá; y al sur: No detengas; trae de lejos mis hijos, y mis hijas de los confines de la tierra.

—Isaías 43:6

Así dijo Jehová el Señor: He aquí, yo tenderé mi mano a las naciones, y a los pueblos levantaré mi bandera; y traerán en brazos a tus hijos, y tus hijas serán traídas en hombros.

—Isaías 49:22

Y extranjeros apacentarán vuestras ovejas, y los extraños serán vuestros labradores y vuestros viñadores.

—Isaías 61:5

¿Dónde están los hijos y las hijas? ¿Se están reuniendo a usted? ¿Está siendo buscado?

Sean nuestros hijos como plantas crecidas en su juventud, nuestras hijas como esquinas labradas como las de un palacio.

—Salmos 144:12

Los lugares de gloria no tendrán que rogar. La gente será atraída sobrenaturalmente. La atmósfera del cielo saldrá como un imán en el espíritu y hará que la gente venga. Esto es el efecto de la gloria en un ministerio. Las personas hambrientas vienen, y los resultados prorrumpen.

Los ministerios con gloria levantan hijos e hijas quienes ayudan a establecer la visión y la autoridad de la casa. Demasiados trabajan con pocos resultados o sin ellos. Se afanan sin la gloria. Siento un fuerte llamado en mi espíritu para que la Iglesia regrese a la gloria. Este es un tiempo y temporada de redefinición. Dios está redefiniendo y alineando personas y ministerios en su gloria. La gloria es el mandato de este momento.

A medida que la gloria del Señor se levante, los hijos y las hijas tomarán sus lugares. Si su ministerio es estéril, sin hijos e hijas auténticos, quizá necesite volver a la gloria. Quizá necesite cavar de nuevo algunos pozos antiguos o golpear la tierra y abrir nuevos. Cuando obtiene la manifestación de la gloria, verá un incremento. Los hijos y las hijas lo rodearán para adorar con usted, edificar con usted y avanzar con usted. Irá de suplicar a ser deseado.

Oro que el Señor levante lugares deseados de gloria, lugares deseados de sanidad y poder liberador, lugares deseados de familia y amor, lugares deseados de misericordia y perdón y lugares deseados de poder y avance.

OBTENGA SABIDURÍA Y FAVOR Y SEA DESEADO

¡La sabiduría abre la puerta! No puede andar en la sabiduría de Dios y no ser deseado. Necesita decretar y declarar a diario sabiduría divina sobre su vida. A medida que pase tiempo de calidad con Dios, su mente se abrirá paso en su vida. Su sabiduría se derrama. Hará cosas que nunca pensó que haría. Irá a lugares que nunca pensó ir. Él está reescribiendo su historia en su gloria.

Como Salomón, a medida que crezca en la sabiduría de Dios, será deseado, al igual que él:

> Y el rey Salomón dio a la reina de Sabá todo lo que ella quiso y le pidió, más de lo que ella había traído al rey. Después ella se volvió y se fue a su tierra con sus siervos.
>
> —2 CRÓNICAS 9:12

> Y el rey Salomón dio a la reina de Sabá todo lo que ella quiso, y todo lo que pidió, además de lo que Salomón le dio.

Después ella se volvió y se fue a su tierra con sus siervos. Y ella se volvió, y se fue a su tierra con sus criados.

—1 Reyes 10:13

Así como Salomón le dio a la reina de Sabá dones de su abundancia real, usted depositará algo de valor en la vida de quienes lo busquen, y ellos serán bendecidos. La gente será bendecida cuando lo busque.

Ciertamente a mí esperarán los de la costa, y las naves de Tarsis desde el principio, para traer tus hijos de lejos, su plata y su oro con ellos, al nombre de Jehová tu Dios, y al Santo de Israel, que te ha glorificado. Y extranjeros edificarán tus muros, y sus reyes te servirán; porque en mi ira te castigué, mas en mi buena voluntad tendré de ti misericordia.

—Isaías 60:9–10

Los hijos vendrán con plata y oro. Esta es una imagen de la prosperidad que viene a los que son solicitados. Los extraños también vienen a construir los muros y a ministrarle. Hablamos de esto en el capítulo 8. Isaías entonces habla acerca de favor. Un incremento de gloria libera un incremento de favor. El favor atrae gente a su vida. El favor causa que las personas lo busquen. Extraños y extranjeros se presentan.

LAS PUERTAS ABIERTAS TRAEN RIQUEZA A LOS DESEADOS

Tus puertas estarán de continuo abiertas; no se cerrarán de día ni de noche, para que a ti sean traídas las riquezas de las naciones, y conducidos a ti sus reyes.

—Isaías 60:11

Las puertas representan acceso. Hombres traerán riquezas a través de esas puertas. Buscan a Sion y traen su riqueza a él. Juan vio estas puertas abiertas en Apocalipsis.

Sus puertas nunca serán cerradas de día, pues allí no habrá noche.

—Apocalipsis 21:25

Las puertas nunca se cierran. Los que son deseados de manera constante atraen riqueza. La prosperidad viene a los que son deseados.

Isaías y Juan vieron imágenes del Reino y de los que entran en él. Sion es un lugar de riqueza, una ciudad rica. Deberíamos esperar ser deseados. A esto es a lo que Dios nos llama. Esta es nuestra identidad. Esto es quiénes somos.

De odiado y afligido a deseado

Y vendrán a ti humillados los hijos de los que te afligieron, y a las pisadas de tus pies se encorvarán todos los que te escarnecían, y te llamarán Ciudad de Jehová, Sion del Santo de Israel.

—Isaías 60:14

Incluso los que lo odiaban y lo afligían lo buscarán para someterse a usted. Esta es la promesa de restauración de Dios para Sion. Esta es su promesa para usted.

Esta es una palabra excelente porque muchas veces en nuestra jornada pasamos por tiempos difíciles de persecución. Algunas veces simplemente queremos empacarlo todo y retirarnos, pero Dios tiene una manera de voltearlo todo. Las mismas personas que el enemigo usó para atacar y criticar se pueden convertir en parte de su incremento, siempre y cuando se mantenga plantado en la voluntad del Padre.

En vez de estar abandonada y aborrecida, tanto que nadie pasaba por ti, haré que seas una gloria eterna, el gozo de todos los siglos.

—Isaías 60:15

Lo opuesto de ser deseado es ser abandonado y aborrecido. ¿Alguna vez se ha sentido odiado y abandonado? ¿Ha sufrido de rechazo y aislamiento? Muchos han estado en un lugar de soledad y derrota. Las buenas noticias son que por medio de su pacto de paz, salvación y liberación, le da un nombre nuevo en Sion: el deseado.

Al igual que Sion, usted debería esperar ser buscado. Ya no es más menospreciado. Ya no es más rechazado. Ya no es más pasado por alto. Ya no es más desolado. Usted es el lugar de la morada de Dios.

Las personas son atraídas a usted por salvación, liberación y sanidad. Vienen a ser enseñados. Vienen a escuchar la Palabra del Señor. Vienen a recibir consejo y sabiduría. A cambio, traen riquezas. Traen honra. Vienen a servir. Vienen a adorar al Rey. Este es el Reino. Esto es restauración. Esto es el resultado de la gloria de Dios.

Vienen múltiples bendiciones a usted. Créalo Confiéselo. Medite en estas escrituras. Reciba la palabra del Señor: usted es Sion y usted es deseado.

CONFESIONES DE SER DESEADO

Yo soy Sion.

Me levantaré y resplandeceré; porque ha venido mi luz, y la gloria del Señor ha nacido sobre mí.

Su luz será vista sobre mi vida por los que están en tinieblas.

Soy deseado.

No soy rechazado, pasado por alto o desolado, sino que soy solicitado. Hijos e hijas vienen a mí porque soy buscado. Extraños me buscan. Incluso los que me odian vendrán y se someterán.

Mis puertas están siempre abiertas para que las bendiciones vengan a mi vida.

El favor está sobre mi vida por la gloria de Dios. El favor me abre las puertas correctas en el momento oportuno.

Dios añade las personas correctas para mí y remueve a las equivocadas. Soy parte de Sion, la ciudad del Señor, la cual es deseada. Sion está llena de persona porque es una ciudad buscada.

Mis pasos son ordenados por el Señor.

Vivo en sintonía con el plan del cielo para mí. Mi ministerio es buscado.

Camino en nuevos niveles y recibo revelación poco común y dirección para mi vida.

La expansión se manifiesta.

Reyes y personas prominentes venderán a mí porque soy deseado.

Los camellos vienen a mí. Las caravanas de bendición vienen a mi camino.

La riqueza viene porque soy deseado.

Viene a mí incremento porque soy deseado.

Flujos de ingresos e incremento vienen a mí.

Disfruto abundancia porque soy deseado.

La multiplicación viene a mi vida porque soy deseado.

Recibo mejoras de nivel en cada aspecto de mi vida porque soy deseado.

Experimento riquezas y gloria en mi vida porque soy deseado.

Señor, vengo a ti en este momento, y recibo esta palabra profética de que soy deseado. No estoy perdido, sino encontrado. Tú dijiste que viniste a buscarme y a salvarme. He rendido mi vida por completo a ti; por lo tanto, la esterilidad no tiene lugar en mi vida.

Me arrepiento de un pensamiento y una fe limitados. Me arrepiento por no abrazar tu promesa y potencial a plenitud para mí. He escuchado, leído y recibido esta palabra del cielo de que soy deseado.

¡Avanzaré en el poder de esta palabra! Rompo toda limitación de mi vida, y suelto el poder ilimitado y las bendiciones del cielo sobre mí. Decreto que ya no soy más desamparado, sino deseado, en el nombre de Jesús. Amén.

POEMAS PROFÉTICOS DE SION

Un Reino celestial

El Reino sin advertencia,
No lo que los fariseos buscaban,
Un Reino espiritual para personas espirituales,
Los nacidos de nuevos podrían entrar por la puerta.

El hombre natural no lo puede entender,
Nicodemo estaba perplejo,
Le hizo una pregunta al Señor,
¿Regresa uno al vientre otra vez?

Buscaban un reino terrenal,
Esperaban un rey terrenal,
Jesús no vino a darles ninguno de los dos,
Traería un Reino celestial.

El Reino se había acercado,
Se requería discernimiento para ver,
Los demonios estaban siendo echados fuera,
Los cautivos estaban siendo liberados.

El Reino llegaba con poder,
Sanar a los enfermos y resucitar muertos,
Envió a los doce a predicarlo,
Y a demostrar lo que se había dicho.

El gobierno de Dios había llegado,
Los demonios lo sabían bien,
Se sometieron a la autoridad del cielo,
Huyeron y su reino cayó.

La justicia de Dios había llegado,
Los días de venganza habían llegado,
La sangre de los profetas vengada.

La voluntad de Dios sería hecha.

Un nuevo pacto llegaría,
El antiguo se había vuelto obsoleto,
Se formaría un nuevo pueblo,
Derrocaría a los antiguos gobernantes.

Muchos se opondrían al Reino.
Pelearían contra el Rey celestial,
El que se sienta en los cielos se reiría,
El hijo de David tomaría su trono.

El Reino avanzaría,
Su dilatación no tendría fin,
De generación en generación,
En la iglesia, un mundo sin fin.

MILES

Moisés oró y bendijo a Israel,
Pidió que se multiplicaran por miles,
Rebeca fue bendecida,
Para ser la madre de miles de millones.

Saúl mató a sus miles,
David a sus diez miles,
Saúl le entraron celos por la canción,
Y comenzó a perseguir a David con miles,

David no temía los diez miles,
Que pusieran sitio contra él,
Dios lo libró de los miles,
Lo libró del celoso Saúl.

Sansón mató a mil,
Con la quijada de un asno,
Que Dios te dé la victoria sobre tus miles,
Porque uno puede hacer huir a mil.

Miles de ángeles en el ejército celestial,

Son diez mil veces diez mil,
Hay más por nosotros que contra nosotros,
Nos ayudarán a ganar las batallas que vengan.

Caerán a tu lado mil,
Y diez mil a tu diestra,
Esta es la promesa de Dios,
Mas a ti no llegará.

David dio miles al templo,
Salomón ofreció mil holocaustos,
Reyes dieron por los miles,
Se pueden soltar ofrendas en los miles.

Que sus ovejas produzcan miles,
Y que usted produzca diez miles;
Esta es la bendición del Señor;
Esta es su cosecha.

Salomón dijo miles de proverbios,
Escribió más de mil canciones,
Las mil mujeres fueron su caída.
Mil esposas y concubinas en total.

Jesús alimento a cinco mil,
Con unos pocos peces y panes,
El milagro de la multiplicación,
Miles salieron con su bendición,

Tres mil fueron salvos en Pentecostés,
Cinco mil añadidos a la iglesia más tarde,
Este es el poder de Pentecostés,
Miles son el resultado de milagros.

Regir y reinar con Cristo mil años,
Satanás atado mil años,
El Reino de Dios representado por miles,
La ciudad de Dios de doce mil estadios de largo.

Ezequiel vio un río medido por mil codos.

Mil a los tobillos,
Mil a los lomos,
Mil a los hombros,

Jesús es uno entre mil,
Se destaca entre los miles,
No hay ninguno tan hermoso como él,
Es señalado entre diez mil.

LOS SAUCES (SALMOS 137)

Colgaron sus arpas en los sauces,
En Babilonia, lloraron,
No podían cantar en tierra extraña.

Durante setenta años se quedaron,
En cautividad permanecieron,
Lejos de Jerusalén su ciudad.

Pero vino la liberación,
El rey Ciro emitió el decreto,
Pudieron dejar Babilonia,
Y regresar libres a Jerusalén.

Tomaron sus arpas de los sauces,
Y comenzaron a cantar de nuevo,
Su gozo volvió a ellos,
Tocaron música una vez más.

Tomen sus arpas de los sauces,
Es tiempo de que lo hagan de nuevo,
Encuentren su don una vez más,
La liberación ha llegado este día.

Tomen su don del sauce,
Que ya no cuelgue ahí,
Aviva el don dentro de ti,
Úsalo para bendecir otra vez.

Los días de tristeza terminaron,

Dios ha enjugado tus lágrimas,
El gozo del Señor ha vuelto,
Tu liberación está cerca.

Es tiempo de volver a escribir,
Es tiempo de volver a danzar,
Es tiempo de volver a cantar,
Es tiempo de volver a predicar.

Baja tu don del sauce,
Ya no pertenece allí,
El día de restauración ha venido,
Ya no colgará de allí.

EL ÁMBITO DE LA GLORIA

Te he llamado al ámbito de la gloria,
El ámbito del poder,
El ámbito del favor,
El ámbito de la abundancia.

Te he llamado al ámbito de la gloria,
El ámbito de la santidad,
El ámbito de la belleza,
El ámbito de carencia de límites.

Te he llamado al ámbito de la gloria,
Al ámbito de las riquezas,
Al ámbito de la prosperidad,
El ámbito del oro y la plata.

Te he llamado al ámbito de la gloria,
Al ámbito de majestad,
Al ámbito de esplendor,
Al ámbito donde nada es imposible.

Te he llamado al ámbito de la gloria,
Al ámbito de la promoción,
Al ámbito de la elevación,
Al ámbito donde te levantas.

Te he llamado al ámbito de la gloria,
Al ámbito de la revelación.
Al ámbito de la perspectiva.
Al ámbito de la sabiduría.

Te he llamado al ámbito de la gloria,
Al ámbito de puertas abiertas,
Al ámbito de bendición,
Al ámbito de incremento y ensanchamiento.

Te he llamado al ámbito de la gloria,
Al ámbito de paz,
Al ámbito de seguridad,
Al ámbito de no temer.

Te he llamado al ámbito de la gloria,
Al ámbito de la salvación,
Al ámbito de la alabanza,
Al ámbito de la adoración,

Te he llamado al ámbito de la gloria,
Al ámbito de subir de nivel,
Al ámbito de miles,
Al ámbito de multiplicación.

Te he llamado al ámbito de la gloria,
Al ámbito de dar voces,
Al ámbito de danzar,
Al ámbito del gozo eterno.

Te he llamado al ámbito de la gloria,
Al ámbito del amor,
Al ámbito de la esperanza,
Al ámbito de la fe,

Anda en este ámbito,
Vive en este ámbito,
Permanece en este ámbito,
Este es el lugar para ti.

Este es Sion.
Este es el monte.
Este es el río.
Este es mi Reino.

Este es el lugar de mi presencia,
Este es el lugar de mi peso,
Este es el lugar de mi fama,
Este es el lugar de mi lluvia,

Mis ángeles están aquí,
Los serafines están aquí,
Los querubines están aquí,
Los ancianos se postran aquí.

Este es el lugar del trueno,
Este es el lugar del rayo,
Este es el lugar del fuego,
Este es el Lugar Santo.

LA TIENDA EXTENDIDA DE ISRAEL (ISAÍAS 54:2)

«Ensancha el sitio de tu tienda, y las cortinas de tus
    habitaciones sean extendidas […] Porque te
    extenderás a la mano derecha y a la mano izquierda».
Le dijo Isaías a Israel
Que las naciones venían.

La tienda de Israel no era lo suficientemente grande para
    recibirlos,
Los gentiles venían,
Dios levantaría una nueva tienda,
La iglesia sería el lugar.

El Día de Pentecostés,
La nueva tienda se comenzó a formar,
Miles entraron a ella,
Y nació una nueva comunidad.

Diez años después de Pentecostés, Cornelio escuchó el
    llamado,
Pedro fue a su casa y predicó,
El Espíritu Santo comenzó a caer,
Sobre los gentiles vino la misericordia de Dios.

Las multitudes comenzaron a venir a esta tienda,
A los gentiles fue enviado el apóstol Pablo,
Muchas naciones escucharon la Palabra,
Vinieron a la iglesia a buscar.

Esta tienda se extendió a lo largo del mundo,
No hay límite a quien pueda venir,
Su tienda esta hoy aquí,
Las iglesia es ese lugar extendido.

Esta tienda es lo bastante grande como para albergar su
    ciudad,
Esta tienda puede albergar una nación,
Hay abundancia de espacio para que entren las almas,
El Señor ha hecho el espacio.

Creamos para que las multitudes vengan,
Que el avivamiento venga a nuestra tierra,
Multitudes vienen a esta tienda,
Están siendo traídas por la mano del Señor.

EL ÁMBITO DE LA GLORIA ES EL ÁMBITO DE LO MEGA

El ámbito de justicia,
Al ámbito de multiplicación.
El ámbito de la abundancia.

Al ámbito de los miles,
Al ámbito de millones,
Al ámbito de millardos:
Este es el ámbito sin límites.

El ámbito de la inmensidad.
El ámbito de la expansión sin fin.

Y el ámbito del crecimiento ilimitado;
Este es el ámbito del Reino.

Hay megagracia,
Hay megafavor,
Hay megapoder:
Este es el ámbito de la gloria.

Hay megamilagros,
Hay megasanidades,
Y hay megaliberación;
Este es el ámbito de la gloria.

El ámbito de luz,
El ámbito de la revelación.
Y el ámbito de la sabiduría:
Este es el ámbito de la gloria.

Al ámbito de paz,
Al ámbito de la prosperidad,
Y el ámbito de la alegría:
Este es el ámbito de shalom.

Entre en este ámbito,
Y será liberado
De las limitaciones
Que lo están reteniendo.

Los avances son suyos:
Vienen en abundancia,
Y nada lo puede detener:
Este es el ámbito de la gloria.

Es un lugar grande,
Es un lugar de riquezas,
Y no hay escasez:
Este es el ámbito de la gloria.

DADOR

No escatimes al dar,
No te detengas,
Es la clave al avance,
Es la clave a la bendición,

Dios no escatimó a su Hijo,
Nos lo dio libremente,
Él nos dará todas las cosas,
Y en abundancia.

Quien siembre escasamente,
Escasamente también segará,
El que siembre abundantemente,
Abundantemente segará.

No escatimes al dar,
Alarga tus cuerdas,
Refuerza tus estacas,
Sal del lugar de limitación.

No escatimes por temor,
No escatimes por incredulidad,
No escatimes al dar,
Es la temporada de avance.

SE LEVANTAN LOS ASAF

Cuando David trajo el arca,
De casa de Obed-edom,
La puso bajo una tienda,
En el monte del Señor.

Llamó a las familias de Asaf,
Y a las familias de Hemán y Jedutún,
A venir y adorar delante del arca,
A cantar y profetizar con instrumentos.

Hay una nueva generación,

De Asaf que se levanta en la Tierra,
Son los descendientes de Asaf,
Que el vidente señaló para adorar.

Estos son descendientes espirituales,
No descendientes según la carne,
Pero los que adoran en el Espíritu,
Hijos e hijas espirituales.

La familia de Asaf,
Estaba delante del arca continuamente,
Para cantar los cánticos del Señor,
Profetizar con los instrumentos.

El nombre de Asaf significa reunir,
Hoy nos reunimos a adorar,
Nos reunimos en su presencia,
Profetizamos en su gloria.

Los hijos de Asaf continuaron,
Ministrando por generaciones,
Fueron fieles para cantar y tocar,
Llevaban el manto de la adoración.

Algunas veces estaban ocultos,
En tiempos de rebelión y pecado,
Pero siempre saldrían,
En tiempos de restauración.

Fueron vistos en la época de Ezequías.
Fueron vistos en la época de Josías.
Fueron vistos en la época de Nehemías.
Están siendo vistos hoy.

¿Es usted un Asaf?
¿Continuará con lo establecido
años atrás por el rey David?

Aquí y en avance

Algunos creen que las cosas empeoran,
Algunos creen que las cosas mejoran,
Su cosmovisión determina cual,
Los lentes a través de los cuales ve.

Algunos dicen que el Reino viene,
Otros creen que el Reino está aquí,
Algunos que es ahora, pero todavía no.
Esto afectará su cosmovisión.

La manera en que ve el mundo,
La manera en que ve el futuro,
Todo pasa a través de estas lentes,
Sea que mejore o empeore.

El Reino avanza,
Su dilatación no tendría fin,
Esto es lo que Isaías vio,
De generación en generación,

Si el Reino no está aquí ahora,
Entonces las cosas empeorarán,
Si el Reino está aquí y avanza,
Entonces las cosas mejorarán,

Su cosmovisión como creyente,
Depende de lo que se le haya enseñado,
No se equivoque,
Su enseñanza es de gran importancia.

Encuentro de gloria

Un encuentro de gloria lo cambiará,
Un encuentro de gloria es lo que necesita,
Un encuentro de gloria con el Dios viviente,
El Dios de gloria quiere encontrarse con usted.

Moisés se encontró con su gloria.

Al monte santo subió,
Su rostro brillaba con la gloria,
Escondió su rostro del pueblo al que fue enviado.

Salomón encontró la gloria.
El y los sacerdotes sacrificaron,
La nube llenó el templo,
No podían soportarla era demasiado densa,

Isaías vio la gloria,
En el templo, le fue revelada
Escuchó el clamor de: «Santo, Santo, Santo»,
A la nación fue enviado.

Los discípulos vieron la gloria,
En el monte de la transfiguración,
Contemplaron el resplandor,
Cuando el Señor oró en el monte.

La gloria cayó en Pentecostés,
Vino como un poderoso viento.
Lenguas de fuego repartidas reposaron sobre ellos.
Comenzaron a hablar en otras lenguas.

Saulo se encontró con la gloria.
Se encontró con el Señor resucitado.
Una luz resplandeció del cielo,
Cayó a los pies del Señor.

Juan vio su gloria,
En la isla de Patmos, puedo ver,
La gloria del Señor resucitado,
Escuchó el clamor de: «Santo, Santo, Santo».

Un encuentro con la gloria lo cambiará,
No puede permanecer igual,
Su vida será transformada,
Cuando vea su gloria y su fama.

NOTAS

INTRODUCCIÓN: UN LUGAR ESCOGIDO PARA UN PUEBLO ESCOGIDO

1.	Steve Rudd, "Babylonian Talmud: Ancient Synagogue Literary Sources" [Talmud babilónico: fuentes literarias de la sinagoga antigua], Interactive Bible, consultado el 12 de septiembre de 2019, http://www.bible .ca/synagogues/Ancient-Synagogue-Archeological-Literary-Sources-Bible -Jesus-Israel-Judea-diaspora-first-century-oldest-pre70AD-Babylonian -Talmud-Non-Biblical-Jewish-Law-500ad.htm.

2.	"What Is Zion?" [¿Qué es Sion?] Got Questions [¿Tiene preguntas?], consultado el 12 de septiembre de 2019, https://www .gotquestions.org/Zion.html.

3.	"What Is Zion?" Got Questions.

CAPÍTULO 1: LA FORTALEZA DE SION

1.	Blue Letter Bible, s.v. "armown", consultado en línea el 12 de septiembre de 2019, https://www.blueletterbible.org/lang/lexicon/lexicon .cfm?Strongs=H759&t=KJV.

2.	Merriam-Webster, s.v. "fortify" [fortificar], consultado el 12 de septiembre de 2019, https://www.merriam-webster.com/dictionary/fortify.

3.	Merriam-Webster, s.v. "bulwark" [baluarte], consultado el 12 de septiembre de 2019, https://www.merriam-webster.com/dictionary /bulwark.

CAPÍTULO 2: LA HABITACIÓN DE DIOS

1.	Bible Hub, "Salmos 122:4", consultado el 26 de septiembre de 2019, https://biblehub.com/commentaries/psalms/122-4.htm.

2.	Hanko Cornelius, "Jonah's Preaching to Nineveh" [La predicación de Jonás a Nínive], Standard Bearer [El abanderado], consultado el 16 de septiembre de 2019, https://standardbearer.rfpa.org/node/43021.

3.	"The Southern Kingdom of Judah" [El reino del sur, Judá], Bible History [Historia bíblica], consultado el 23 de septiembre de 2019, https:// www.bible-history.com/old-testament/judah.html.

4.	Blue Letter Bible, s.v. "ad", consultado el 25 de septiembre de 2019, https://www.blueletterbible.org/lang/lexicon/lexicon.cfm ?Strongs=H5703&t=KJV.

5.   Blue Letter Bible, s.v. *"owlam"*, consultado el 25 de septiembre de 2019, https://www.blueletterbible.org/lang/lexicon/lexicon.cfm?Strongs=H5769&t=KJV.

6.   Lance Wallnau, "Strange but true - It's a voice-activated universe" [Extraño, pero cierto: es un universo activado por voz], Facebook, 3 de julio de 2018, https://www.facebook.com/LanceWallnau/photos/a.17880094993 5/10156553167569936/?type=3&theater.

Capítulo 3: Nacido de Sion

1.   Hedley Palmer, "Psalm 87: Zion City of Our God" [Salmos 87: Sion, la ciudad de nuestro Dios], ICLnet, 1996, http://www.iclnet.org/pub/resources/text/hpalmer/psalms/ps-087.txt.

2.   Blue Letter Bible, "Messiah" [Mesías], consultado el 17 de septiembre de 2019, https://www.blueletterbible.org/search/search.cfm?Criteria=messiah&t=KJV#s=s_primary_0_1.

3.   Blue Letter Bible, s.v. *"mashiyach"*, consultado el 17 de septiembre de 2019, https://www.blueletterbible.org/lang/lexicon/lexicon.cfm?Strongs=H4899&t=KJV.

4.   *Merriam-Webster*, s.v. "scepter" [cetro], consultado el 18 de septiembre de 2019, https://www.merriam-webster.com/dictionary/scepter.

5.   *Merriam-Webster*, s.v. "mountain" [monte], consultado el 23 de septiembre de 2019, https://www.merriam-webster.com/dictionary/mountain.

Capítulo 4: El río de Dios

1.   "2016: Todd Dennis—Preterist Idealism, A Hermeneutic for Today" [2016: Todd Dennis: Idealismo preterista, una hermenúetica para hoy], The Preterist Archive [El archivo del preterista], consultado el 19 de septiembre de 2019, https://www.preteristarchive.com/Idealism/2006_dennis_jerusalem-heart.html.

2.   Reinhard Bonnke, "A Swimming Lesson from Ezekiel" [Una lección de nado de Ezequiel], Christ for All Nations, consultado el 19 de septiembre de 2019, https://www.cfan.eu/resources/bible-studies/detail-bible-study/a-swimming-lesson-from-ezekiel/.

3.   Blue Letter Bible, s.v. *"massa"*, consultado el 19 de septiembre de 2019, https://www.blueletterbible.org/lang/lexicon/lexicon.cfm?t=kjv&strongs=h4853.

4.   Blue Letter Bible, s.v. *"mayan"*, consultado el 19 de septiembre de 2019, https://www.blueletterbible.org/lang/lexicon/lexicon.cfm?Strongs=H4599&t=KJV.

Capítulo 5: Corazón de Sion

1. *Merriam-Webster*, s.v. "shine", consultado el 20 de septiembre de 2019, https://www.merriam-webster.com/dictionary/shine.
2. Blue Letter Bible, s.v. *"nataph"*, consultado el 20 de septiembre de 2019, https://www.blueletterbible.org/lang/lexicon/lexicon.cfm?Strongs=H5197&t=KJV.
3. "What Is a Prophet/Prophetess?" [¿Qué es una profetisa?] TruthorTradition.com, consultado el 20 de septiembre de 2019, https://www.truthortradition.com/articles/what-is-a-prophet-prophetess.
4. Robert I. Holmes, *In the Footsteps of Elisha* [En las huellas de Eliseo] (n.p.: Storm Harvest, 2006), 62, https://docplayer.net/55317174-In-the-footsteps-of-elisha-by-robert-i-holmes-discovering-the-prophetic-gift-in-all-its-fullness.html.
5. *Merriam-Webster*, s.v. "distill" [destilar], consultado el 21 de septiembre de 2019, https://www.merriam-webster.com/dictionary/distill.
6. "Hebrew Words for Prophets and Seers" [Palabras hebreas para profetas y videntes], TruthfortheLastDays.com, consultado el 21 de septiembre de 2019, http://www.truthforthelastdays.com/baptismandgifts/baptismandgifts36.html.
7. Dictionary.com, s.v. "guile" [engaño], consultado el 21 de septiembre de 2019, https://www.dictionary.com/browse/guile?s=t.
8. Bible Hub, s.v. "Isaías 56:3", Barnes' Notes on the Bible, consultado el 22 de septiembre de 2019, https://biblehub.com/nasb/isaiah/56-3.htm.
9. Blue Letter Bible, s.v. *"shalem"*, consultado el 22 de septiembre de 2019, https://www.blueletterbible.org/lang/lexicon/lexicon.cfm?Strongs=H8003&t=KJV.

Capítulo 6: Adoración: la puerta al ámbito de la gloria

1. *Merriam-Webster*, s.v. "prophet" [profeta], consultado el 26 de septiembre de 2019, https://www.merriam-webster.com/dictionary/prophet.
2. *Cambridge Dictionary*, s.v. "prophesy" [profecía], consultado el 26 de septiembre de 2019, https://dictionary.cambridge.org/dictionary/english/prophesy.
3. Blue Letter Bible, s.v. *"halal"*, consultado el 25 de septiembre de 2019, https://www.blueletterbible.org/lang/lexicon/lexicon.cfm?Strongs=H1984&t=KJV.
4. Blue Letter Bible, s.v. *"yadah"*, consultado el 25 de septiembre de 2019, https://www.blueletterbible.org/lang/lexicon/lexicon.cfm?Strongs=H3034&t=KJV.

5.   Blue Letter Bible, s.v. *"towdah"*, consultado el 25 de septiembre de 2019, https://www.blueletterbible.org/lang/lexicon/lexicon.cfm?Strongs=H8426&t=KJV.

6.   Blue Letter Bible, s.v. *"shabach"*, consultado el 25 de septiembre de 2019, https://www.blueletterbible.org/lang/lexicon/lexicon.cfm?Strongs=H7623&t=KJV.

7.   Blue Letter Bible, s.v. *"barak"*, consultado el 25 de septiembre de 2019, https://www.blueletterbible.org/lang/lexicon/lexicon.cfm?Strongs=H1288&t=KJV.

8.   Blue Letter Bible, s.v. *"zamar"*, consultado el 25 de septiembre de 23, 2019, https://www.blueletterbible.org/lang/lexicon/lexicon.cfm?Strongs=H2167&t=KJV.

9.   "Hebrew Words for Praise" [Palabras hebreas para alabanza], consultado el 25 de septiembre de 2019, http://buddysheets.tripod.com/hebrewwordsforpraise.htm.

10.   *Lexico Dictionary*, s.v. "laud" [loar], consultado el 25 de septiembre de 2019, https://www.lexico.com/en/definition/laud.

11.   Blue Letter Bible, s.v. *"zamar"*, consultado el 23 de septiembre de 2019, https://www.blueletterbible.org/lang/lexicon/lexicon.cfm?Strongs=H2167&t=KJV.

CAPÍTULO 7: LAS BENDICIONES DE LA GLORIA (PARTE 1): EL ÁMBITO DE LA GLORIA

1.   *Dictionary.com*, s.v. "realm" [ámbito], consultado el 23 de septiembre de 2019, https://www.dictionary.com/browse/realm.

2.   Bible Study Tools, s.v. *"kabowd"*, consultado el 23 de septiembre de 2019, https://www.biblestudytools.com/lexicons/hebrew/nas/kabowd.html.

3.   Bible Study Tools, s.v. *"doxa"*, consultado el 25 de septiembre de 2019, https://www.biblestudytools.com/lexicons/greek/kjv/doxa.html.

4.   Bible Hub, s.v. "5278. *noam*", consultado el 25 de septiembre de 2019, https://biblehub.com/hebrew/5278.htm.

5.   Bible Hub, s.v. "1347. *ga'own*", consultado el 25 de septiembre de 2019, https://biblehub.com/hebrew/1347.htm.

6.   *Thesaurus.com*, s.v. "glory" [gloria], consultado el 25 de septiembre de 2019, https://www.thesaurus.com/browse/glory?s=t

7.   *Merriam-Webster*, s.v. "majesty" [majestad], consultado el 23 de septiembre de 2019, https://www.merriam-webster.com/dictionary/majesty.

8.   *Merriam-Webster*, s.v. "arise" [levántate], consultado el 23 de septiembre de 2019, https://www.merriam-webster.com/thesaurus/arise.

9. *Merriam-Webster*, s.v. "shine" [resplandece], consultado el 23 de septiembre de 2019, https://www.merriam-webster.com/thesaurus/shine.

10. Glenn Pease, "The Jewels of Heaven" [Las joyas del cielo], Faith Life Sermons, consultado el 23 de septiembre de 2019, https://sermons .faithlife.com/sermons/124750-the-jewels-of-heaven.

11. Bible Hub, s.v. "5247. *huperoché*", consultado el 25 de septiembre de 2019, https://biblehub.com/greek/5247.htm.

12. "El Shaddai—the Breasted One, or Who's That Lady" [El Shaddai: el que tiene pechos o ¿quién es esa dama?] GoodNewsInce.net, consultado el 25 de septiembre de 2019, http://goodnewsinc.net/wisdom /shaddai.html.

13. Bible Hub, s.v. "7965. *Shalom*", consultado el 25 de septiembre de 2019, https://biblehub.com/hebrew/7965.htm.

14. "Solomon" [Salomón], Behind the Name [Detrás del nombre], consultado el 23 de septiembre de 2019, https://www.behindthename.com /name/solomon.

15. Bible Tools, s.v. "*sozo*", consultado el 25 de septiembre de 2019, https://www.bibletools.org/index.cfm/fuseaction/Lexicon.show/ID /G4982/sozo.htm.

16. *Lexico Dictionary*, s.v. "salvation" [salvación], consultado el 26 de septiembre de 2019, https://www.lexico.com/en/definition/salvation.

Capítulo 8: Las bendiciones de la gloria (Parte 2): No puede quedarse pequeño

1. Brian Houston (@BrianCHouston), "Smallness inside a man (smallness of thinking and spirit) will shrink his world, shrink his children, and shrink his potential" [La pequeñez dentro de un hombre (pequeñez de pensamiento y espíritu) encogerá su mundo, sus hijos y su potencial], Twitter, 30 de diciembre de 2017, 5:27 p.m., https://twitter.com /BrianCHouston/status/947277906979332096.

2. *Merriam-Webster*, s.v. "arise" [levántate], consultado el 28 de septiembre de 28, 2019, https://www.merriam-webster.com/dictionary /arise.

3. Blue Letter Bible, s.v. "*chayil*", consultado el 25 de septiembre de 2019, https://www.blueletterbible.org/lang/lexicon/lexicon .cfm?Strongs=H2428&t=KJV.

4. Blue Letter Bible, s.v. "*lebab*", consultado el 25 de septiembre de 2019, https://www.blueletterbible.org/lang/lexicon/lexicon .cfm?Strongs=H3824&t=KJV.

5. Bible Hub, s.v. "jasper" [jaspe], consultado el 23 de septiembre de 2019, https://biblehub.com/topical/j/jasper.htm.

6. Bible Hub, s.v. "jasper".

7. *Cambridge Dictionary*, s.v. "upgrade" [subir de nivel], consultado el 25 de septiembre de 2019, https://dictionary.cambridge.org/us/dictionary/english/upgrade.

8. Bible Study Tools, s.v. "Apocalispsis 21:16", consultado el 24 de septiembre de 2019, https://www.biblestudytools.com/commentaries/revelation/revelation-21/revelation-21-16.html.

9. Bible Study Tools, s.v. "*Megas*", consultado el 24 de septiembre de 2019, https://www.biblestudytools.com/lexicons/greek/nas/megas.html.

CAPÍTULO 9: EL PESO DE GLORIA

1. Bible Study Tools, s.v. "*kabowd*", consultado el 24 de septiembre de 2019, https://www.biblestudytools.com/lexicons/hebrew/nas/kabowd.html.

2. Study Light, s.v., "glory", consultado el 24 de septiembre de 2019, https://www.studylight.org/dictionaries/hbd/g/glory.html.

3. albinomexican, "The Heaviness of God" [La pesadez de Dios], *Lens Crafting* (blog), 1 de abril de 2009, https://joshmcclellan.wordpress.com/2009/04/01/the-heaviness-of-god/.

4. Jennifer Eivaz, "When the weighty glory (Hebrew: kabod) comes upon you, think of it as the 'heavyweight' anointing" [Cuando el peso de gloria (hebreo: kabod) viene sobre usted, considérelo la unción de 'peso completo'] Facebook, 15 de julio de 2017, https://www.facebook.com/jennifereivaz/posts/when-the-weighty-glory-hebrew-kabod-comes-upon-you-think-of-it-as-the-heavy-weig/1005293069613617/. La palabra *kabod* significa peso o pesadez. Por lo tanto, experimentar la gloria de Dios es sentir el peso de Dios. Conocer la gloria de Dios es que Él deje sentir su peso sobre nosotros. Es un concepto rico con varias implicaciones.

5. Mary Fairchild, "How Heavy Was a Talent in the Bible?" [¿Cuánto pesaba un talento en la Biblia?], Learn Religions, consultado el 24 de septiembre de 2019, https://www.learnreligions.com/what-is-a-talent-700699.

6. *Urban Dictionary*, s.v. "heavyweight" [peso completo], consultado el 24 de septiembre de 2019, https://www.urbandictionary.com/define.php?term=heavyweight.

CAPÍTULO 10: LA AUTORIDAD Y FUERZA DEL CREYENTE DE SION

1. Blue Letter Bible, s.v. "*mashal*", consultado el 25 de septiembre de 2019, https://www.blueletterbible.org/lang/lexicon/lexicon.cfm?Strongs=H4910&t=KJV.

2.	Julian Sinclair, "*Eshet Chayil*", TheJC.com, 5 de noviembre de 2008, https://www.thejc.com/judaism/jewish-words/eshet-*chayil*-1.5966.

3.	Bible Hub, s.v. "381. *ish-chayil*", consultado el 25 de septiembre de 2019, https://biblehub.com/hebrew/381.htm.

4.	Tim Brown, "*Gibbor-Chayil*: Are You One?" [*Gibbor-Chayil*: ¿Es usted uno?], REUP: Men Living by Life, Abril de 2015, https://myemail. constantcontact.com/GIBBOR-CHAYIL—-Are-you-one -.html?soid=1111234994442&aid=QyI9gfu2Khw.

5.	Blue Letter Bible, s.v. "*chayil*".

6.	"What Is *Chayil*?" [¿Qué es *chayil*?] Chayil Women International, consultado el 25 de septiembre de 2019, https://*chayil*womenintl.org/index .php/*chayil*-learning-centre/frequently-asked-questions.

7.	Blue Letter Bible, s.v. "*chayil*".

8.	Blue Letter Bible, s.v. "*chayil*".

9.	*Oxford Living Dictionaries*, s.v. "efficient" [eficiente], consultado el 25 de septiembre de 2019, https://en.oxforddictionaries.com/definition /efficient; *Oxford Living Dictionaries* (thesaurus), s.v. "efficient", consultado el 25 de septiembre de 2019, https://en.oxforddictionaries.com/thesaurus /efficient.

10.	Blue Letter Bible, s.v. "*gĕbuwrah*", consultado el 25 de septiembre de 2019, https://www.blueletterbible.org/lang/lexicon/lexicon .cfm?Strongs=H1369&t=KJV.

11.	Bible Study Tools, s.v. "*dunamis*", consultado el 25 de septiembre de 2019, https://www.biblestudytools.com/lexicons/greek/kjv/dunamis .html.

12.	Bible Study Tools, s.v. "*dunamis*".

13.	Blue Letter Bible, s.v. "*elohim*", consultado el 25 de septiembre de 2019, https://www.blueletterbible.org/lang/lexicon/lexicon .cfm?Strongs=H430&t=KJV.

14.	Blue Letter Bible, s.v. "*gibborw*", consultado el 25 de septiembre de 2019, https://www.blueletterbible.org/lang/lexicon/lexicon .cfm?strongs=H1368.

15.	Kurt Selles, "El Gibbor: 'The Mighty God'" [El Gibbor: el Dios poderoso], ReframeMedia.com, consultado el 25 de septiembre de 2019, https://today.reframemedia.com/devotions/el-gibbor-the-mighty -god-2014-05-08.

16.	Blue Letter Bible, s.v. "*chayil*", consultado el 25 de septiembre de 2019, https://www.blueletterbible.org/lang/lexicon/lexicon .cfm?strongs=H2428.

17.	*Lexico Dictionary*, s.v. "force" [fuerza], consultado el 25 de septiembre de 2019, https://www.lexico.com/en/definition/force.

18.   *Lexico* (thesaurus), s.v. "force" [fuerza], consultado el 25 de septiembre de 2019, https://www.lexico.com/en/synonym/force.

19.   Blue Letter Bible, s.v. "*dynamis*", consultado el 25 de septiembre de 2019, https://www.blueletterbible.org/lang/lexicon/lexicon .cfm?t=mgnt&strongs=g1411.

20.   Blue Letter Bible, s.v. "*megaleiotēs*", consultado el 25 de septiembre de 2019, https://www.blueletterbible.org/lang/lexicon/lexicon .cfm?Strongs=G3168&t=KJV.

21.   *Merriam-Webster*, s.v. "anoint" [ungir], consultado el 25 de septiembre de 2019, https://www.merriam-webster.com/dictionary/anoint.

22.   Blue Letter Bible, s.v. "*qavah*", consultado el 25 de septiembre de 2019, https://www.blueletterbible.org/lang/lexicon/lexicon .cfm?t=kjv&strongs=h6960.

23.   Blue Letter Bible, s.v. "*qavah*".

24.   Blue Letter Bible, s.v. "*qavah*".

25.   Bible Hub, s.v. "4752. *strateia*", consultado el 25 de septiembre de 2019, https://biblehub.com/greek/4752.htm.

26.   Bible Hub, s.v. "3794. *ochuróma*", consultado el 25 de septiembre de 2019, https://biblehub.com/greek/3794.htm.

27.   Bible Hub, s.v. "*logismos*", consultado el 25 de septiembre de 2019, https://biblehub.com/greek/3053.htm.

28.   Bible Hub, s.v. "*logismos*".

29.   Bible Study Tools, s.v. "*exousia*", consultado el 25 de septiembre de 2019, https://www.biblestudytools.com/lexicons/greek/kjv/exousia.html.

30.   *Lexico Dictionary*, s.v. "authority" [autoridad], consultado el 25 de septiembre de 2019, https://www.lexico.com/en/definition/authority.

31.   Bible Hub, s.v. "1369. *geburah*", consultado el 25 de septiembre de 2019, https://biblehub.com/hebrew/1369.htm.

32.   Blue Letter Bible, s.v. "*etsah*", consultado el 25 de septiembre de 2019, https://www.blueletterbible.org/lang/lexicon/lexicon .cfm?t=kjv&strongs=h6098.

33.   Warren W. Wiersbe, *Bible Expository Commentary: Old Testament Wisdom and Poetry* [Comentario Bíblico Expositivo: Sabiduría y poesía del Antiguo Testamento], (Grand Rapids, MI: David C. Cook, 2004), 1:339.

Capítulo 11: La misericordia de Dios hacia Sion

1.   Blue Letter Bible, s.v. "checed", consultado el 10 de abril 10 de 2019, https://www.blueletterbible.org/lang/Lexicon/lexicon .cfm?ot=NASB&strongs=H2617&t=KJV&bn=14.

2.   Lexico Dictionary, s.v. "kindness" [benignidad], consultado el 25 de septiembre de 2019, https://www.lexico.com/en/definition/kindness.

3.   Lexico (thesaurus), s.v. "kindness" [benignidad], consultado el 25 de septiembre de 2019, https://www.lexico.com/en/synonym/kindness.

4.   Iain Duguid, "Loyal-Love (Hesed)" [Amor-Leal (Hesed)], Ligioner.org, consultado el 25 de septiembre de 2019, https://www.ligonier.org/learn/articles/loyal-love-hesed/.

5.   Bible Study Tools, s.v. "mercy seat" [propiciatorio], consultado el 26 de septiembre de 2019, https://www.biblestudytools.com/encyclopedias/isbe/mercy-seat-the.html.

6.   Lexico (thesaurus), s.v. "magnify" [magnificar], consultado el 25 de septiembre de 2019, https://www.lexico.com/en/synonym/magnify.

7.   Dictionary.com, s.v. "magnify" [magnificar], consultado el 25 de septiembre de 2019, https://www.dictionary.com/browse/magnify?s=t.

8.   "What Is the Middle Verse of the Bible?" [¿Cuál es el versículo central de la Biblia?], House to House, consultado el 25 de septiembre de 2019, https://housetohouse.com/middle-verse-bible/.

9.   Lexico Dictionary, s.v. "comfort" [consuelo], consultado el 26 de septiembre de 2019, https://www.lexico.com/en/definition/comfort.